Umschlaggestaltung: Werbeagentur Rypka GmbH, 8143 Dobl/Graz, www.rypka.at

Bildnachweis:
Covervorder- und -rückseite: Felix Büchele, www.felixfoto.at
Grafiken und Bilder auf den Seiten 21–29, 35–36 und 42–44: Müller Glas
Alle übrigen Bilder stammen von Felix Büchele, www.felixfoto.at

Bibliografische Information der Deutschen Nationalbibliothek
Die Deutsche Nationalbibliothek verzeichnet diese Publikation in der Deutschen Nationalbibliografie; detaillierte bibliografische Daten sind im Internet über http://dnb.d-nb.de abrufbar.

Hinweis:
Dieses Buch wurde auf chlorfrei gebleichtem Papier gedruckt.
Die zum Schutz vor Verschmutzung verwendete Einschweißfolie ist aus Polyethylen chlor- und schwefelfrei hergestellt. Diese umweltfreundliche Folie verhält sich grundwasserneutral, ist voll recyclingfähig und verbrennt in Müllverbrennungsanlagen völlig ungiftig.

Auf Wunsch senden wir Ihnen gerne kostenlos unser Verlagsverzeichnis zu:
Leopold Stocker Verlag GmbH
Hofgasse 5/Postfach 438
A-8011 Graz
Tel.: +43 (0)316/82 16 36
Fax: +43 (0)316/83 56 12
E-Mail: stocker-verlag@stocker-verlag.com
www.stocker-verlag.com

ISBN 978-3-7020-1650-0

Layout: Werbeagentur Rypka GmbH, 8143 Dobl/Graz, www.rypka.at

Inhalt

7

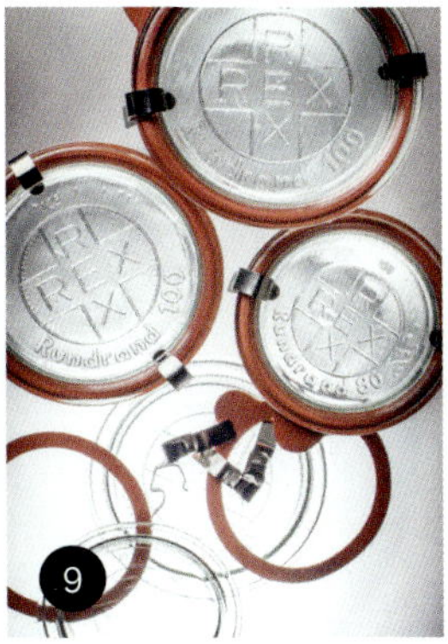
9

12

32

Inhalt

Inhalt

Vorwort

VORRATSHALTUNG

Vor einigen Wochen war in einigen deutschsprachigen Medien helle Aufregung, weil die deutsche Regierung ihren Mitbürgern eine Vorratshaltung empfahl, aber schon davor haben sich – schon seit mehreren Jahren – Hausfrauen und Hausmänner wieder an das Einkochen erinnert, wie in unzähligen Beiträgen, Gruppen, Blogs in den sozialen Medien, aber auch auf vielen Internetseiten zu erkennen ist.

Was für unsere Urgroßeltern und Großeltern noch Normalität und zum Teil überlebenswichtig war, müssen die jüngeren Generationen erst wieder erlernen. Früher wurden, mit den damals zur Verfügung stehenden Möglichkeiten, einfach Lebensmittel haltbar gemacht. Wenn dieses „Haltbargemachte" dann auch noch geschmeckt hat, war es außergewöhnlich und wunderbar, ansonsten war es einfach etwas zum Essen.

Heute gibt es auch eine Vielzahl von Möglichkeiten, um beim Haltbarmachen auch noch diese fantastischen Geschmacksmöglichkeiten, die schlichte Natürlichkeit der Produkte und natürlich nicht zuletzt auch möglichst viele der wichtigen Vitamine zu erhalten! Dieses Gefühl, auf einfache Art etwas gekocht, etwas erschaffen zu haben und dann noch für einen späteren Zeitpunkt aufheben zu können, will ich bestärken und mit Ihnen neue Ideen gepaart mit den neuesten Erkenntnissen beim Einkochen umsetzen.

Vieles, was unsere Großmütter noch wussten, ist verloren gegangen, einiges hat sich überholt und geändert. In diesem Buch erkläre ich Ihnen deshalb das kleine 1x1 des „Haltbarmachens". Was benötigen Sie zum Haltbarmachen, worauf sollten Sie achten, welche Tricks können Ihnen helfen, und zwar nicht nur in den Rezepten, sondern vor allem auch in der Vorbereitung? Die meisten Fehler entstehen nicht durch schlechte Lebensmittel, sondern liegen in der Verarbeitung und im Abfüllen in falsche Behältnisse bzw. in der Verwendung falscher Verschlüsse begründet.

ERINNERN SIE SICH NOCH AN DEN NAMEN REX?

Rex ist eine alte deutsche Marke aus dem Einkochbereich, viele werden sich vielleicht noch an den Schriftzug der REX-Gläser erinnern. Besonders in Österreich sowie in den alten „Kronländern" Österreichs sowie auch in England wurden und werden diese Gläser nach wie vor verwendet. In den 1920er und 1930er Jahren hat sich dann der Ausdruck „einrexen" in den Volksmund eingebürgert und wird bis heute als Ausdruck für Einkochen verwendet. Die Firma bzw. die Markenrechte der Rex Konser-

venglas Gesellschaft aus Bad Homburg von der Höhe wurden 1925 von der deutschen WECK Glas AG gekauft. Diese hat dann eine Generallizenz an eine österreichische Firma mit Sitz in Linz vergeben, welche dann bei österreichischen und deutschen Glashütten eigene REX-Glas-Serien produzieren hat lassen. So ist neben dem „Einrexen" auch das „Einwecken" in den Sprachgebrauch eingegangen.

Einige von Ihnen erinnern sich vielleicht so wie ich an ihre Großmütter und Großväter, in deren Vorratskammer (bei uns „Speis" genannt) die großen Einkochgläser mit dem schweren Glasdeckel standen. In diesen REX-Gläsern (dieser Name war bei uns üblich) waren dann Marmeladen (Konfitüren) in allerlei Farben, aber auch sauer eingelegte Gurken, Rotkraut (Rotkohl), Paradeiser (Tomaten), eingekochte Bohnen und die herrlichsten Kompotte aus Zwetschken (Zwetschgen) und Marillen (Aprikosen) und nicht zuletzt mein Favorit – das beste Apfelmus – haltbar gemacht.

Aus diesen REX-Gläsern konnte man so herrlich mit einem Löffel kosten. Ich habe fast immer den Zeigefinger verwendet, weil ich in die Speis geschlichen bin und mir ganz sicher war, dass meine Oma das sicher nie bemerken würde. Ich kann bis heute nicht erklären, wie sie es geschafft hat, aber kaum war der Finger in meinem Mund, war sie hinter mir und protestierte lautstark. Oft erlebte ich diese Situation, und vor allem in späterer Zeit stand sie dann auch mit viel Augenzwinkern und einem großen Löffel in der Hand hinter mir, denn dieses Mit-dem-Finger-Kosten konnte ich mir bis heute nicht abgewöhnen.

Auch ich habe mich mit dem Virus des Einkochens „infizieren" lassen, teils durch meine berufliche Tätigkeit, aber auch durch meine „großzügige" Art des Kochens. Mir blieb fast immer etwas übrig, sodass ich schnell das Einkochen erlernte, auch ein altes handgeschriebenes Kochbuch (eigentlich eine Ansammlung vieler Blätter) meiner schon beschriebenen Großmutter hat mich zusätzlich angeregt, mich mit diesem Thema stärker auseinanderzusetzen. Inzwischen ist das schon mehrere Jahre her. Bei meinen ersten Versuchen habe ich auch festgestellt, dass es viele Kochbücher mit Rezepten und Anleitungen gibt, aber ich habe keines gefunden, dass die vielen Basisfragen beantwortet, wie zum Beispiel:

- Wie sieht die richtige Handhabung mit Gläsern und Deckeln aus?
- Welche Unterschiede gibt es bei Saftflaschen und Konservengläsern?
- Wie verschließt man richtig?
- Wie kann man zu Hause ohne Zusatzgeräte einkochen?

Ich möchte Ihnen in diesem Buch deshalb nicht nur Rezepte präsentieren, sondern Ihnen auch die verschiedenen Methoden des Haltbarmachens ausführlich erklären, Ihnen wertvolle Tipps geben und verbreitete Mythen entlarven. Mein Buch richtet sich sowohl an Einsteiger als auch an schon etwas Fortgeschrittenere, aber auch an „Fast-Profis".

Sie werden sehen, einiges was Sie von früher kennen, ist jetzt einfach nicht mehr notwendig oder die Wissenschaft hat für den Konsumenten sogar negative Folgen festgestellt. Und natürlich hat auch die Technik neue Möglichkeiten geschaffen, um mehr Vitamine und mehr Geschmack zu erhalten, um noch einfacher und länger Produkte für den Winter aufzuheben.

FELIX BÜCHELE – MEIN CO-AUTOR

Felix ist ein langjähriger Freund, „eigentlich" Fotograf, aber ebenso ein begnadeter Koch. Vor einigen Jahren haben wir uns bei Einladungen unseres gemeinsamen Freundeskreises gegenseitig beim Kochen zu übertrumpfen versucht, wir bereiteten immer mehr Gänge, stürzten uns in immer zeitaufwendigere Vorbereitungen ... Der einzige Unterschied zwischen uns besteht darin, dass Felix die asiatische wie auch die französische Küche liebt und ich mehr in der alten Küche aus der Zeit der Habsburger sowie im Mittelmeerbereich „zu Hause" bin. Daher konnten wir nicht wirklich einen besseren Koch oder einen Sieger ermitteln.

Irgendwann, nachdem sich die verschiedenen gereichten Gerichte schon im zweistelligen Bereich wiederfanden und es zumindest mir passierte, dass ich ganze Speisen vergessen habe auf den Tisch zu bringen (wer hat diese auch im Schlafzimmer versteckt?), wurden wir von unseren Frauen vor vollendete Tatsachen gestellt: Diese sind/waren schon in der Schulklasse Freundinnen und meinten: „Das muss aufhören – sofort!" Sie kennen das, wenn Frauen sich zusammentun? Seit diesem Zeitpunkt ist die maximale Speisegangzahl bei Einladungen auf fünf beschränkt – sehr zum Leidwesen des übrigen Freundeskreises.

Als ich Felix fragte, ob er für dieses Buch nicht die Fotos machen will, ahnte ich noch nicht, mit welcher Begeisterung er anfing zu fotografieren und Ideen einzubringen – ich hätte gerne wesentlich mehr gemeinsam gekocht! Viele der Rezeptideen sind also von ihm und auch alle diese tollen Fotos!

Viel Spaß beim Nachkochen und Ausprobieren wünschen Ihnen
Nikolaus Tomsich & Felix Büchele

PS: MARMELADE ODER KONFITÜRE?

Laut einer EU-Konfitürenverordnung muss Marmelade aus Zitrusfrüchten hergestellt werden, mit Ausnahme der österreichischen Marillenmarmelade. Ich empfinde diese Unterscheidung als einen gelungenen Nonsens von Lobbyisten und Bürokraten.

Meine Großmütter haben immer schon zu den Konfitüren, Leichtkonfitüren und Fruchtaufstrichen Marmelade gesagt. In Gedenken an diese für mich wichtigen Personen werde ich in diesem Buch bei Marmelade bleiben, wissend, dass dies nicht der rechtliche Ausdruck dafür sein darf. Aber ich hoffe, Sie verstehen mich und werden ebenso gerne bei dem alten Ausdruck Marmelade bleiben.

Danke für Ihr Verständnis
Nikolaus Tomsich

REX
Rundrand 100
138
REX
Rundrand 100
108
REX
Rundrand 80

Grundlagen

Etwas einzukochen oder einzulegen ist immer möglich; ob Gemüse, Obst, Fleisch, Brot oder Kuchen – alles lässt sich haltbar machen und es findet sich immer eine Möglichkeit, etwas Neues auszuprobieren oder die tollen Essensreste des gemeinsamen Abendessens mit den Freunden oder der Familie länger „aufzuheben". Wer will denn außerdem schon dreimal hintereinander das Gleiche essen?

Ich bin in einer Großfamilie groß geworden, irgendeiner hatte immer plötzlich einen oder zwei Freunde dabei und deshalb wurde stets reichlich gekocht. Das ist mir geblieben, ich koche lieber etwas mehr, es könnte ja noch jemand dazukommen, sehr zum Leidwesen meiner Frau, die zwar die gefüllten Gläser zu schätzen weiß, aber der Platzbedarf ist doch sehr groß geworden.

Wenn Sie es mir gleichtun wollen, brauchen Sie dafür – neben den Lebensmitteln – das Wichtigste: Gläser und Deckel in Hülle und Fülle, also ab zum nächsten Glasverpackungshändler oder auch Supermarkt, Konservengläser und neue Deckel kaufen und los geht's!

WAS IST EINREXEN, EINKOCHEN, EINWECKEN, EINMACHEN EIGENTLICH?

Unter allen diesen Begriffen verstehen wir heute im Gegensatz zu früheren Zeiten den gleichen Vorgang: nämlich das Haltbarmachen von Lebensmitteln durch Erhitzen in einem Konservenglas oder in einer Glasflasche unter Luftabschluss!

Zu den Zeiten unserer Großeltern gab es kleine Unterschiede zwischen diesen Begriffen. So meinte man mit „einmachen", dass Gläser mit einer Cellophanfolie oder einer Einmachhaut und einem Stück Zwirn abgedichtet wurden. Zusätzlich wurde oft ein in Schnaps getauchtes Pergamentpapier unter die Folie mitgebunden. Dies hat sich aber zum Glück überholt, denn bei diesem Zubinden ist kein 100%iger Luftabschluss zu erreichen. In unserem Sprachgebrauch sind je nach Region aber trotzdem die typischen Begriffe geblieben, jeder Österreicher kennt den Ausdruck „einrexen", ebenso wie jeder Deutsche den Begriff „einwecken" kennt.

Sowohl der Begriff „einwecken" als auch „einrexen" sind auf deutsche Firmen zurückzuführen: Die Firma Weck gibt es seit 1905 und die Firma REX hat sich im deutschen Bad Homburg ob Frankfurt niedergelassen, bevor sie von der Firma Weck 1925 gekauft wurde. Später wurden dort die jetzt wieder aktuellen HOREX-Motorräder gebaut. Die Firma Weck hat sich bis heute als Spezialist für das Einwecken und Einrexen einen Namen gemacht.

Dieser Vorgang des Einkochens (Einwecken & Einrexen) hat sich im Wesentlichen aber nicht geändert, Lebensmittel werden in ein Glas gefüllt, verschlossen und erhitzt. Durch die nunmehr zwei Klammern (früher eine Klammer) kann heißer Dampf entweichen, ohne dass von außen Luft in das Innere des Glases kommen kann. Beim Abkühlen des Glases entsteht ein Vakuum, das auch gleichzeitig ein Indikator dafür ist, dass die eingekochten Lebensmittel in einwandfreiem Zustand sind.

WICHTIG: BOTULISMUS

Sollte das Glas kein Vakuum mehr haben, so dürfen Sie den Inhalt auf gar keinen Fall mehr essen, denn hier besteht die Gefahr, dass das gefährliche Bakterium *Clostridium botulinum* entstanden ist. Leider produziert dieses Bakterium unter Luftabschluss ein geruchloses, geschmacksneutrales Toxin, ein tödliches Gift. Dennoch sollten Sie keine Angst vor Konservengläsern haben, wenn Sie die einfache Regel beachten und eben auf das Vakuum bei Gläsern mit einem Glasdeckel achten. Solange hier ein Vakuum vorhanden ist, kann nichts passieren! Wenn Sie ganz sicher sein wollen, erhitzen Sie die Gläser mit Fleisch oder Fisch zweimal hintereinander.

HALTBAR IM GLAS? WIE GEHT DAS?

Natürlich gibt es eine Vielzahl von Möglichkeiten, etwas haltbar zu machen. Die ökologischste und zugleich meine bevorzugte Art ist Haltbarmachen in Glas. Die Möglichkeiten sind damit ein wenig eingeschränkt, aber das ist für mich die nachhaltigste und schönste Art, mit mir wichtigen Dingen wie Lebensmitteln umzugehen, nebenbei steckt auch ein wenig die Erinnerung an meine Kindheit dahinter.

Grundsätzlich gibt es fünf verschiedene Arten, Lebensmittel im Glas haltbar zu machen:

- Milchsauer einlegen (fermentieren)
- Mit Zucker konservieren
- Mit Salz konservieren
- In Öl einlegen
- In Essig bzw. einer Essigmischung einlegen

FERMENTIEREN – MILCHSAUER EINLEGEN

Das ist die älteste uns bekannte Möglichkeit, Lebensmittel haltbar zu machen; auf allen Kontinenten der Erde wurde und wird sie unabhängig voneinander angewendet! Das bei uns bekannteste fermentierte Lebensmittel? Das ist wohl Sauerkraut, aber auch Kraut (Weißkohl), Kohl, Kohlrabi, Wurzelgemüse, Käse, Sauerteigbrot und vieles mehr sind Produkte, die fermentiert werden. Grundsätzlich ist zu sagen: Alles was roh essbar ist, kann man milchsauer einlegen.

MIT ZUCKER HALTBAR MACHEN

Die einfachste Möglichkeit, Obst haltbar zu machen, ist es, Marmelade einzukochen. Obst, aber auch manches Gemüse verträgt sich besonders gut mit Zucker. Hier ist Ihre Kreativität gefragt, probieren Sie doch zum Beispiel eine Komposition aus Tomaten und Rhabarber als Marmelade. Für viele beginnt hier die süße Sucht des Einkochens und eine lange Leidenschaft, denn wer hätte sich denn am Anfang gedacht, dass bei so etwas Einfachem etwas so Wundervolles wie eine farbenprächtige aromatische Marmelade herauskommt?

MIT SALZ KONSERVIEREN

Diese Art des Vorrathaltens ist im Alpengebiet neben dem milchsauren Einlegen die gebräuchlichste Art, sich Vorräte für die kalten, tristen Wintermonate anzulegen. Was mache ich mit Salz? Im Supermarkt können Sie üblicherweise Kapern in Salz kaufen, aber auch andere Produkte können Sie einfach in Salz konservieren, wie zum Beispiel Obst, Gemüse, Fleisch und Fisch. Es ist fast unglaublich, welche „genialen" Gerichte man mit Salz machen kann.

SAUER EINLEGEN

Noch vor zwei Jahrzehnten gab es bei uns unzählige „Gemüseeinleger", fast alle sind leider verschwunden. Grund dafür sind wohl die Großkonzerne, die eine riesige Palette an sauer Eingelegtem anbieten. Solche Firmen produzieren industriell oft mithilfe chemischer Hilfsmittel unsere Supermarktware, die ich persönlich nicht bevorzuge. Doch zum Glück finden sich seit kurzem wieder immer mehr kleine und größere regionale Direktvermarkter, die mit viel Engagement sauer eingelegtes Obst und Gemüse produzieren.

Das Schöne ist, dass es auch zu Hause einfach möglich ist, Gemüse sauer einzulegen. Kleine Gurken, Rote Rüben (Rote Bete), Spargel oder Paprika, ob vorher gegrillt oder nur in Salz oder Salzwasser eingelegt, hier sind Ihnen keine Grenzen gesetzt! Erobern Sie die Welt dieses einfach umwerfenden Geschmackes aufgrund der zahlreichen Möglichkeiten, mit Kräutern oder unterschiedlichen Essigen zu arbeiten und so Ihren Produkten ganz individuelle Noten zu verleihen.

IN ÖL EINLEGEN

Ähnlich wie bei sauer Eingelegtem gibt auch hier: Eine Vielzahl von Varianten, ob aromatisches Obst oder gerade gegrilltes Gemüse, sogar Milchprodukte wie Käsebällchen, ist möglich. Die richtige Mischung der frischen Kräuter und die Verwendung echten kaltgepressten Öls, darauf kommt es an, um den Geschmack des Sommers auch für den Winter einzufangen und dann zu genießen!

WAS BRAUCHE ICH ZUM HALTBARMACHEN?

Als Erstes benötigen Sie richtig **gute und einwandfreie Qualität** bei Ihren zu verarbeitenden Lebensmitteln, diese werden in weiterer Folge **„Füllgut"** genannt. Hiermit ist alles gemeint, nicht nur das einfache Grundprodukt, sondern auch die Nebenbestandteile wie frische Gewürze oder – genauso wichtig – die natürlichen Zusätze. Diese einwandfreien Lebensmittel können Obst, Gemüse, Pilze oder Kräuter sein. Wichtig ist aber die Qualität dieser Produkte, in früheren Zeiten wurde schnell mal ein Produkt vor dem Verderben eingemacht, genau so sollte es aber nicht sein! Aus einem Produkt mit einer „Gerade-noch"-Qualität werden Sie auch nur eine „Konserve" bekommen.

Wenn Sie wirklich gute sonnengereifte Marillen (Aprikosen) aus Ihrem Garten pflücken und sofort verarbeiten, dann werden Sie im Winter beim „Kosten" an diesen tollen Sommer und eventuell an Ihren Garten denken und einfach glücklich sein. Das alles macht Einkochen, Einrexen, Einwecken aus!

CHECKLISTE: WICHTIGE GEGENSTÄNDE ZUM EINREXEN/EINKOCHEN

- Gläser, Flaschen mit passenden Deckeln und Verschlüssen
- Eine Waage, vorzugsweise eine digitale Küchenwaage
- Ein Messbecher mit feiner Skalierung in ml/g (für Flüssigkeiten und für trockene Zutaten, eventuell zwei Messbecher verwenden)
- Ein Zestenreißer (Zitronenschaber)
- Eine Zitronenpresse
- Ein elektrischer Handmixer und/oder ein Stabmixer
- Ein engmaschiges Sieb und/oder eine Flotte Lotte (Passiergerät)
- Ein Schaumlöffel, eine Spachtel, ein Kochlöffel, vorzugsweise aus Plastik
- Töpfe in verschiedenen Größen
- Zwei Kochhandschuhe oder Topflappen
- Saubere Geschirrtücher und Küchenrolle
- Zwei saubere Leinentücher
- Ein Backofen mit einem tiefen Backblech oder ein Schnellkochtopf mit einem Gitteraufsatz oder ein großer Topf oder ein Einkochautomat
- Alles, was sich sonst in einer normalen Haushaltsküche befindet
- Zuletzt noch das Wichtigste: Spaß, die Leidenschaft, etwas Neues auszuprobieren, sowie Liebe zu den Naturprodukten!

CHECKLISTE: WEITERE PRAKTISCHE HILFSMITTEL

- Ein Apfelausstecher
- Ein Kirschentkerner
- Ein Zuckerthermometer
- Ein Glasheber
- Ein Einfülltrichter bzw. eine Einfüllhilfe in verschiedenen Größen
- Ein zusätzliches backofentaugliches Thermometer ist auch sehr hilfreich!
  Diese Dinge sind kein Muss, erleichtern das Arbeiten in der Küche aber ungemein.

HINWEIS: KEIN HOLZ

Bitte verwenden Sie keine Holzprodukte, denn diese sind praktisch nicht keimfrei, sodass sich bei der Verwendung immer wieder Keime und Bakterien in Ihre Lebensmittel schummeln und Ihre ganze Arbeit vernichten können.

WOMIT KOCHE ICH AM BESTEN EIN?

Da es verschiedene Möglichkeiten gibt, finden Sie hier einige kurze Anleitungen, natürlich ist jede Kochplatte, jeder Backofen und jeder Einkochautomat immer ein wenig anders. Sie finden im Anhang eine Tabelle mit den Temperaturhilfen und Einkochzeiten je nach Füllgut (siehe S. 252–253).

WICHTIG: TEMPERATUREN & CO.

Wenn nicht anders beschrieben, beginnt die Einkochzeit erst beim Erreichen der Temperatur bzw. wenn im Konservenglas Luftperlen aufsteigen. Um die Temperatur zu kontrollieren, empfehle ich Ihnen ein einfaches Backthermometer, besonders wenn Sie im Kochtopf oder in einem Einkochautomaten ohne Anzeige einkochen.

Beachten Sie auch die Temperatur des Glases, wenn Sie Wasser in die Töpfe oder Automaten füllen! Ein heiß abgefülltes Glas verträgt nur warmes, heißes Wasser, auf keinen Fall kaltes Wasser (und umgekehrt), hier können schnell Spannungsrisse im Glas auftreten (Verletzungsgefahr!).

HERDPLATTE MIT EINKOCHTOPF ODER SCHNELLKOCHTOPF

Besonders zu empfehlen **für Einsteiger** oder die **Verarbeitung von Kleinstmengen** sind Schnell- oder Einkochtöpfe (ein ausreichend großer Topf). Ich selber empfehle Anfängern, kleinere Chargen zu probieren und eher den Backofen zu verwenden, weil hier die Luftblasen beim Einkochen in den Gläsern leichter zu erkennen sind, ansonsten können Sie auch einen Einkochautomaten nutzen.

Wichtig: Bitte achten Sie darauf, dass der Topf groß genug ist, die Gläser dürfen weder den Boden noch die Seitenwände oder den Deckel berühren. Dazu sind Geschirrtücher (saubere) oder Gitter sehr geeignet, um die Gläser von den Seitenwänden und vom Boden fernzuhalten.

Nachdem Sie Gitter oder Geschirrtücher in den Topf gelegt haben, werden die Gläser hineingestellt. Dann füllen Sie Wasser in den Topf, bitte achten Sie dabei auf die Temperatur! Die Gläser sollten sich nicht verkeilen können, weil das die Gefahr erhöht, dass ein Glas am Rand ankommt und durch die größere Hitze ein Spannungsriss des Glases auftritt. Wenn Ihnen das „Geklappere" der Gläser auf die Nerven geht, legen Sie auch zwischen die Gläser saubere Geschirrtücher. Die Einkochzeit beginnt erst, wenn das Wasser die Einkochtemperatur (Thermometeranzeige) erreicht hat.

WICHTIG: MAXIMALTEMPERATUR

Achtung: Beim Einkochtopf bzw. in jedem Kochtopf beträgt die maximal zu erreichende Temperatur 99 °C (danach verdampft das Wasser sehr schnell)! Sind in den Rezepten höhere Temperaturen angegeben, verlängert sich die Einkochzeit pro 10 °C höher um etwa 20 Minuten!

BACKOFEN

Ein Backblech mit höherem Rand oder einen größeren Brater mit Wasser füllen und auf bzw. in die unterste Schiene des Backofens schieben. Die gefüllten und verschlossenen Gläser in das Wasserbad stellen. Wenn Sie einen Umluftherd haben, können Sie mit einem zweiten Backblech ebenso verfahren, vorausgesetzt Sie haben genug Platz im Backofen.

Wichtig: Die Gläser dürfen nicht an den Wänden des Backofens ankommen, Glas an Glas ist aber kein Problem. Bitte achten Sie auch auf einen Abstand von mindestens 10 cm zu den Heizstäben! Die Einkochzeit beginnt erst, wenn Luftblasen in den Gläsern aufsteigen.

EINKOCHAUTOMAT

Ähnlich wie beim Einkochtopf auf den Boden des Einkochautomaten bitte ein Gitter legen (meist ist ein solches als Zubehör beim Topf dabei), die gefüllten und geschlossenen Gläser dürfen nicht den Boden oder die Seitenwand des Topfes berühren. Wenn Sie mehrere Gitter oder andere Zwischenlagen haben, können Sie gerne mehrere Lagen von Gläsern in den Automaten stapeln.

So viel Wasser in den Automaten füllen, dass die oberste Lage der Gläser ca. zu drei Vierteln im Wasser steht. (Die unteren Gläser stehen somit komplett unter Wasser.) Achtung: Auch hier muss die Wassertemperatur der Glastemperatur entsprechen (kalte Gläser = kaltes Wasser; warme Gläser = warmes Wasser).

Modernere Automaten haben schon eine integrierte Temperaturanzeige, wenn nicht, sollten Sie ein Thermometer für das Wasser benutzen. Die Einkochzeit beginnt, wenn die richtige Temperatur erreicht ist!

WICHTIG: MAXIMALTEMPERATUR

Achtung: Beim Einkochautomaten ist die maximal zu erreichende Temperatur 100 °C, sind in den Rezepten höhere Temperaturen angegeben, verlängert sich die Einkochzeit pro 10 °C höher um etwa 20 Minuten!

Natürlich gibt es noch andere Möglichkeiten einzukochen, dazu gehören Kombidämpfer (Konvektomat oder auch Heißluftofen genannt) oder Autoklav (der einen Überdruck im Inneren erzeugt). Bitte beachten Sie bei diesen Geräten die Herstellerinformationen. Alle diese Geräte sind aber ähnlich wie ein Backofen oder Einkochautomat zu verwenden.

EIN WENIG THEORIE

Wenn Sie nicht zu 100 % sattelfest sind, sollten Sie sich mit den wichtigsten Begriffen des Einkochens vertraut machen. Nun, das kann ich Ihnen leider nicht ersparen. Ich selber überlese zwar auch in vielen Kochbüchern die ersten Theorieseiten. Hier finden aber selbst Halbprofis immer wieder Begriffe und Tipps, die sie vorher nicht gekannt haben.

WAS IST PASTEURISIEREN?

Beim Pasteurisieren werden Lebensmittel in Behältnisse gefüllt, diese werden verschlossen und je nach Art des Inhaltes auf Temperaturen **zwischen 75 und 95 °C** für eine Zeitspanne **bis zu 120 Minuten** erhitzt. Durch das starke Erwärmen werden Mikroorganismen (Keime und Bakterien wie Hefe und Schimmelpilze) im Füllgut (den im Glas befindlichen Lebensmitteln) zum Großteil abgetötet, wodurch das weitere Wachstum dieser Organismen verhindert wird. Das bedeutet, die Keime und Bakterien in Ihrem Füllgut werden bei diesen Temperaturen praktisch vernichtet. Wenn dieser Vorgang nicht zu lange dauert (siehe Einkochzeiten bei den jeweiligen Rezepten als auch in der Einkochtabelle, S. 252/253), bleiben Geschmack und ein relativ großer Teil der Vitamine erhalten. (Genaueres dazu später.)

Dieser Vorgang wird von Profis Pasteurisieren genannt, aber genau das Gleiche bedeutet auch Einrexen, Einwecken oder Einkochen. Beim Einkochen wird das verschlossene Glas so weit erhitzt, dass sich die im Glas befindliche Luft und eventueller Wasserdampf ausdehnt, durch den Deckel soll diese heiße Luft bzw. der Wasserdampf entweichen können. Aber es kann keine Luft von außen in das Glas eindringen! Beim Abkühlen des Glases entsteht ein Vakuum, das dieses herrliche Plopp beim Öffnen des Glases erzeugt und das gleichzeitig ein Zeichen dafür ist, dass dieses Glas gut verschlossen war und genießbar ist.

Allerdings ist es möglich, dass einige Produkte nicht eingekocht werden können wie etwa ein frisches Pesto. Dennoch sollten alle Produkte zumindest einer kurzen Kopfraumpasteurisierung unterzogen werden. (Dieser Vorgang – „Kopfraumpasteurisierung" – ist auch für den Hausgebrauch möglich; wie das geht, erkläre ich im Kapitel „Wie verschließe ich einen Twist-Off-Verschluss richtig?" ab S. 35.)

WAS IST STERILISIEREN?

Hier wird der gleiche Arbeitsgang wie beim Pasteurisieren durchgeführt, jedoch heißer und länger! Bei **Temperaturen über 100 °C** werden unter Garantie alle Mikroorganismen abgetötet, leider wird hier aber auch ein Großteil der Geschmacksstoffe und Vitamine vernichtet.

Dieser Vorgang wird verständlicherweise in Krankenhäusern und vielen öffentlichen Ausgabestellen wie etwa in Seniorenheimen, Kindergärten und Schulen verlangt. Aber auch die Industrie legt oft Wert auf die Vernichtung aller Mikroorganismen und Keime, um längere Haltbarkeiten der Lebensmittel zu gewährleisten und somit die Produkte länger verkaufen zu können.

Der große Unterschied zwischen Pasteurisieren und Sterilisieren liegt aber im Füllgut! **Fleisch-, Fisch- und Geflügelprodukte müssen Sie auf jeden Fall sterilisieren.** Bei allen anderen Füllgütern sollte eine Pasteurisation genügen. Das Sterilisieren von Fleisch- und Geflügelprodukten ist deshalb so wichtig, da nur dadurch gewährleistet ist, dass auch potenzielle Sporen des Bakteriums *Clostridium botulinum* abgetötet werden (siehe auch „Fleisch, Fisch, Pasteten und Wurst im Glas", ab S. 170).

DIE BESTEN TIPPS & TRICKS FÜRS EINKOCHEN – WAS IST VOR DEM EINKOCHEN ZU BEACHTEN?

- Bitte achten Sie darauf, qualitativ hochwertige und einwandfreie Lebensmittel zu verarbeiten! Ich kann das nicht oft genug betonen, schon der kleinste Schimmelpilz kann Ihre mit Liebe, Mühe und natürlich auch Ihrer Zeit erschaffene Arbeit ungenießbar machen.
- Sauberkeit ist das allerhöchste Gebot, selbst Profis passiert es, dass wegen einer kleinen Unachtsamkeit („Das geht schon noch ...") ganze Topfinhalte von Marmeladen, Säften, Chutneys etc. entsorgt und weggeworfen werden müssen.
- Auch der Arbeitsplatz muss sauber sein, verwenden Sie keine Holzbretter oder Holzlöffel, schon gar nicht, wenn Sie diese auch für Fleisch, Fisch, Geflügel etc. verwenden. Die Gefahr, dass sich dort noch Bakterien und Keime befinden, ist extrem hoch! Generell sind in allen Berufsküchen und der Gastronomie Holz bzw. Holzgeräte aus diesem Grund verboten.
- Lesen Sie die Anleitungen der Rezepte genau durch, bereiten Sie alle Materialien und Geräte vor, die Sie benötigen. Erst dann sollten Sie beginnen! Es gibt nichts Ärgerlicheres, als zum Beispiel erst den Fülltrichter suchen zu müssen, um die gerade kochende Marmelade in die Gläser zu füllen (und diese sollte doch maximal drei bis fünf Minuten kochen ...).

DER UMWELT ZULIEBE: GLAS

Ich kenne auch die so praktischen Behältnisse der gekauften Speiseeissorten oder die speziellen Designgefäße aus PVC – meine Frau zum Beispiel liebt diese und versucht mir immer wieder welche in die Küche zu schummeln, weil sie doch so praktisch sind. Wenn Ihnen, ebenso wie mir, unsere Umwelt besonders wichtig ist, wählen Sie eine Verpackung aus Glas! Glas ist die einzige echte ökologische Verpackungsart.

Nur aus Glas kann eine neue Glasverpackung wieder entstehen, vielleicht in einer anderen Form, aber nur aus 100 % Glas entsteht wieder 100 % Glas! Diese Besonderheit ist gut für unsere Umwelt und das kann bis heute keine andere Verpackungsart von sich behaupten.

WIE ENTSTEHT EIN KONSERVENGLAS ODER EINE GLASFLASCHE?

Früher wurde Glas ausschließlich von Hand gefertigt, aber diese Zeit ist schon lange vorbei. Die Glasfabriken, genannt Glashütten, sind in Europa zum Großteil auf dem neuesten Stand der Technik und jede Glashütte produziert täglich mehrere hunderttausend Glasbehältnisse; hierbei sprechen wir von Industrieglas! Die Grundstoffe zur Produktion von Industrieglas sind aber die gleichen wie früher, als noch von Hand gefertigt wurde: Soda, Sand und Quarz (Kalziumkarbonat). Diese Rohstoffe werden in einer großen Wanne (Glaswanne) erhitzt und bei einer Temperatur von ca. 1.700 °C zum Schmelzen gebracht. Aus dieser flüssigen, homogenen Masse (bereits Glas) in der Glaswanne werden dann Tropfen mit einem vorgegebenen Gewicht abgelassen bzw. abgeschoben und maschinell zu einem Endprodukt (z. B. einer Glasflasche) geblasen.

Blasen bedeutet, dass ein Glastropfen in einem hohlen Behälter (in Form des Glases oder der Flasche) aufgefangen wird und durch spezielle Düsen mit Luft in dieser Form ausgeblasen wird. Der rund 1.400 °C heiße Tropfen kühlt beim Blasen auf rund 700 °C ab, bevor er seine Reise durch spezielle Kühl- und Wärmeöfen antritt, um genug Spannung und Festigkeit zu erhalten. Am Ende dieses Prozesses ist er so weit, um seiner Bestimmung als Konservenglas oder Glasflasche gemäß befüllt werden zu können.

Bei diesem langen Produktionsvorgang, der ausschließlich über Maschinen erfolgt, sind Mitarbeiter nur zur Kontrolle und Überprüfung dabei, ein menschliches Eingreifen ist nur sehr selten notwendig.

Glas ist international – daher kontrollieren Sie den Ursprung!

Natürlich kommen wie ebenso in anderen Industriezweigen auch in der Glasindustrie viele der angebotenen Konservengläser, Flaschen und Verschlüsse aus dem asiatischen Raum wie China oder ähnlich weit entfernten Glashütten. Die dort herrschenden Bedingungen können mit unserem Umweltbewusstsein, unseren Arbeitsgesetzen und – noch schlimmer – unseren europäischen gesetzlichen Mindestanforderungen nicht verglichen werden!

Leider werden in der Produktzusammensetzung oft Stoffe verwendet, die in Europa verboten sind, aber manchmal ist es auch „nur" die Verarbeitungsqualität, die zu wünschen übrig lässt. Von den Transportwegen und den dabei entstehenden hohen CO_2-Werten und den jetzt so modernen „footprints" (ökologischer Kontrollwert) ganz zu schweigen … Man darf schließlich nicht vergessen, dass, wenn Glasbehältnisse aus Fernost kommen, viel leere Luft transportiert wird.

Viele dieser nicht europäischen Produkte werden offiziell nur für Dekorationszwecke verkauft, finden sich aber dennoch auf Fotos mancher Kochbücher und Zeitschriften und leider auch in den Kochzubehör- und Geschirrabteilungen diverser Bau- und Möbelmärkte. Daher mein Rat: Fragen Sie nach, woher das Glasprodukt kommt und entscheiden Sie sich für europäische Qualität!

WAS STEHT AM GLAS- ODER FLASCHENBODEN?

Nun, diese Zeichen enthalten wichtige Informationen für die Rückverfolgbarkeit eines Glasbehältnisses. Anhand dieser Zeichen lässt sich leicht feststellen, wer dieses Produkt wo hergestellt hat. Aber auch die wichtigsten Informationen über das Glas sind meist zu erkennen. So geht aus den Zeichen zum Beispiel hervor, wie viel Füllvolumen das Glas hat. Bei Flaschen sollte auch das freizuhaltende Kopfraumvolumen zu erkennen sein (dazu etwas später mehr).

Bei einigen Flaschen und Konservengläsern finden Sie auf der Seite verschiedene Punkte, oft in verschiedenen Abständen. Anhand dieser Punkte ist eine genaue zeitliche Eingrenzung des Produktionsdatums möglich. Sie sehen, diese „Hieroglyphen" sind einige nicht unwichtige Informationen, die Ihnen helfen können, Probleme mit dem Glas zu vermeiden (wie beispielsweise ein nicht eingehaltenes Kopfraumvolumen bei Flaschen).

Glasfarbe

Die Glasfarbe ist ein wichtiger Faktor für Produkte, die UV-lichtempfindlich sind, wie zum Beispiel besondere Öle, Bier oder Honig, um ein paar zu nennen. Je dunkler das Glas ist, desto mehr Lichtschutz ist vorhanden. Dieser Grundsatz gilt bedingt, denn grünfarbiges Glas beispielsweise hat im Verhältnis zu weißem Glas nur wenig mehr Lichtschutz! Braun- bzw. Braungrünmischungen haben hingegen einen fast 99%igen Lichtschutz. Daher bieten viele Glashütten vor allem Flaschen in diversen Farben an, wohingegen Konservengläser fast ausschließlich in weißem Glas (durchsichtiges Glas) produziert werden.

Vetropack-Herkunftszeichen (größte österreichische Glashütte)

O.I-Herkunftszeichen (weltweit der größte Hersteller mit vielen Glashütten)

KONSERVENGLÄSER

Alle Konservengläser unterscheiden sich durch die folgenden **drei Merkmale**:

- Die Mündung,
- die Form des Glases sowie
- den Füllinhalt (das ist die Menge Flüssigkeit, die in das Glas passt, siehe dazu „Weniger Inhalt ist besser: Füllvolumen von Gläsern", ab S. 39).

Die Mündung

Durch die Mündung lassen sich die Konservengläser in verschiedene Gruppen teilen und Sie erkennen daran auch, welchen Deckel Sie benötigen (siehe auch ab S. 29). Es gibt Gläser mit Glasdeckel, Gläser mit Schraubdeckel, Gläser mit einer Wulstrandmündung für einen Einmalverschlussdeckel (oft im Sauergemüsebereich – aber im privaten Bereich nicht einsetzbar, daher lasse ich diese Kategorie weg) sowie Bügelverschlussgläser.

Auch der Mündungsdurchmesser ist extrem wichtig beim Einkochen. Es ist nicht jeder Mündungsdurchmesser für alle Einfüllprodukte geeignet. Die Mündung muss immer kontrolliert werden, auch bei neu gekauften Gläsern, noch sorgfältiger aber, wenn Sie das Glas wiederverwenden. Kontrollieren Sie die Mündung auf schadhafte Stellen, schon der kleinste fehlende Teil kann Ihren Erfolg zunichtemachen! Denn wenn die Glasmündung nicht mehr richtig abgedichtet werden kann, ist auch kein Vakuum möglich. Die Gewindegänge sind ebenso wichtig, hier darf nichts abgesprungen sein, sonst könnte der Deckel während des Vakuumziehens abspringen.

Gläser mit Glasdeckel: Diese Glasserien sind für mich die schönste Erinnerung an unvergleichlichen Geschmack, unendlich viel Auswahl und kindliche Unbekümmertheit. Die älteste Form des Konservenglases ist das Rex-/Weck-Glas mit einem Hohlraumglasdeckel, früher wurden diese Gläser nicht nur mit einem Glasdeckel mit einer einzigen großen Klammer verschlossen (die Klammer wurde über den Deckel geschoben), sondern auch mit Butterpapier oder Cellophan und einem Gummiring oder einem Zwirn.

Technisch gesehen sind der Unterteil und der Deckel zwei verschiedene Glasbehältnisse. (Dies ist heute auch noch bei den Bügelverschlussgläsern der Fall!) Beide Gläser werden als eigene Einheiten produziert. Das bedeutet, der Deckel wird genauso wie ein Konservenglas hergestellt, daher auch Hohlraumglasdeckel.

Bei den neuen Serien von Rex und Weck hat sich das geändert. Die neue Glasdeckelproduktion findet nun mit einem Pressglasverfahren statt, ähnlich der Glasherstellung von Autogläsern. Der neue Deckel hat keinen Hohlraum mehr und sein Umfang ist tiefer in das Konservenglas gezogen, daher auch wesentlich schmäler als früher. Dies hat nun den Vorteil eines geringeren Kopfraumvolumens und deutlich weniger Kondenswassers. Weiterhin von Vorteil ist, dass die Konservengläser nun auch im verschlossenen Zustand übereinander stapelbar sind.

HINWEIS: DIE BESTEN GLÄSER

In Wahrheit sind das die besten Gläser zum Einkochen, nicht nur die Gläser sind lange haltbar, auch der Gummiring muss erst nach etlichen Einkochvorgängen (bzw. nach langen Stehzeiten) wieder mal gewechselt werden. Auch wenn er Risse aufweist oder deutlich größer geworden ist, muss er ausgetauscht werden. Die Gummringe bestehen aus Naturkautschuk und können bedenkenlos auch bis 180 °C verwendet werden, allerdings beginnen sie dann ein wenig zu riechen und sind beim Öffnen des eingekochten Produkts zu entsorgen.

Rex-Gläser: die typischen Einkochgläser seit Generationen

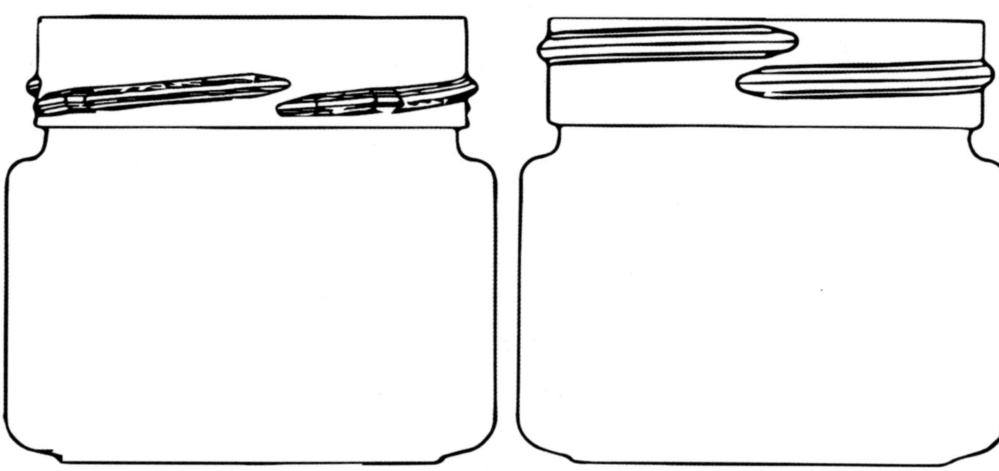

Das gleiche Glas, aber mit unterschiedlichen Mündungen

Schraubkonservengläser: Schraubgläser werden auf der ganzen Welt verwendet und sind die meistverkauften Gläser. Diese Gläser werden von der Industrie viele hundert Millionen Mal pro Jahr gekauft und befüllt. Und doch werden bei dieser Art von Glasbehältnissen und dem Verschließen die meisten Fehler gemacht (siehe „Der Deckel", ab S. 29)!

In einer unglaublichen Anzahl von verschiedenen Möglichkeiten gibt es diese Gläser mit dem Vorteil, dass man die Gläser nach dem ersten Öffnen wieder verschließen kann. Die Haltbarkeit der Produkte ist zwar dann auf einige Tage beschränkt, aber dieser Zeitraum reicht uns, um Marmeladen, Sauergurken oder Suppen fertig zu essen.

WICHTIG: NACHTEIL VON SCHRAUBGLÄSERN

Ein sehr gravierender Nachteil dieser Gläser beim Einkochen besteht darin, dass Sie zum Beispiel bei Fleischspeisen möglicherweise keinen Unterschied beim Öffnen merken, wenn das giftige Bakterium *C. botulinum* (siehe auch S. 11) zugeschlagen hat – umgangssprachlich: Lebensmittelvergiftung.

Es gibt zwei Arten von Schraubgläsern, einmal die Gläser mit einem 360-Grad-Außengewinde („Home Canning" oder GPI-Gläser genannt) und die sehr üblichen Twist-off-Schraubgläser mit mehreren Noppen am Glas:

Gläser mit einem 360-Grad-Gewinde: Gläser mit dieser Art von Mündung – auch Außengewindegläser, „Home Canning" oder GPI-Gläser genannt – sind perfekt geeignet für Anfänger wie auch für Profis, denn diese Mündung hat den Vorteil, dass sich die Deckel nicht überdrehen lassen, sodass man auch bei Kaltabfüllungen wie Pesto, Honig oder Pasteten die Sicherheit eines ordentlich verschlossenen Glases hat!

Diese Gläser werden je nach Land in einigen verschiedenen Glasserien angeboten. Es gibt keine Probleme mit Gummis und Klammern und das Aufspringen der Deckel im Backofen oder im Einkochautomaten entfällt ebenso.

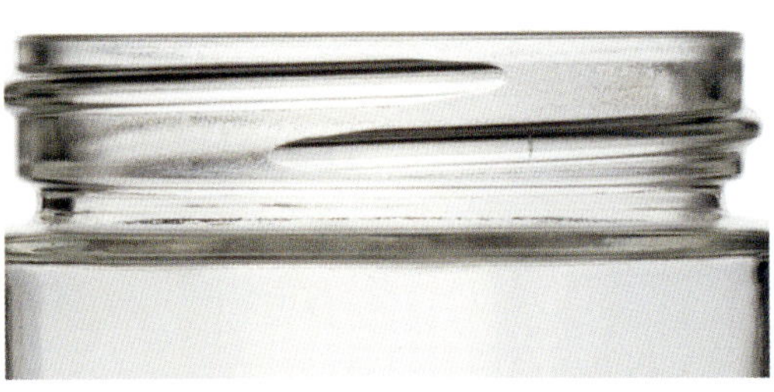

360-Grad-Außengewinde-Mündung, auch GPI genannt

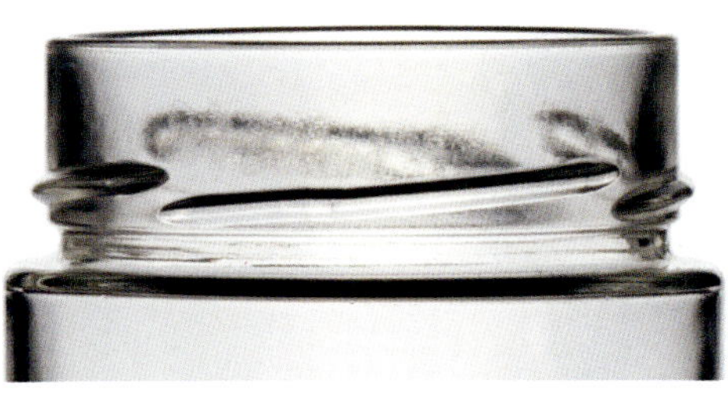

Twist-Off-Deep-Mündung

Twist-Off-Gläser oder TO-Gläser bzw. Deep-TO-Gläser: Nockendrehverschluss- oder Noppendrehverschlussgläser sind die Fachbegriffe dieses Glases, die deutlich mehr über Twist-Off-Gläser oder „Auf-Zu-Gläser" aussagen. Dennoch hat sich der Begriff TO-Gläser durchgesetzt und sind sie die meist verwendeten Gläser weltweit. Das Besondere daran ist, dass sich diese Gläser mit den Deckeln trotz des erstmaligen Öffnens immer wieder verschließen lassen, außer man hat etwas falsch gemacht.

Sie haben alle am Glas drei bis sechs kurze Gewindegänge, und zwar je nach Größe des Glases: drei sind es bei kleinerem Glasdurchmesser und je größer das Glas, desto mehr Gewindegänge werden benötigt. Aber beim Verschließen von TO-Gläsern muss mit besonderer Vorsicht gearbeitet werden. Nähere Infos im Kapitel „Wie verschließe ich richtig einen Twist-Off-Verschluss?" (ab S. 35).

Welche Konservenglasform ist die richtige?

Es gibt Gläser, die den Namen aufgrund ihres Verschlusses haben, wie Weck- und REX-Gläser, Twist-Off-Gläser und Bügelverschlussgläser. Dann unterscheiden wir innerhalb dieser Gruppen nach dem bevorzugten Füllgut oder dem Aussehen in Gläser wie etwa Sturzgläser, Pastetengläser, Honiggläser und viele mehr. Aber daran muss man sich nicht unbedingt halten. Dennoch: Die Form des Glases gibt den Ausschlag, wofür es geeignet ist. Natürlich sollte Ihnen das Glas auch gefallen, aber versuchen Sie einmal, einen Kuchen im Glas zu machen, bei dem die Mündung wesentlich kleiner ist als das Glas darunter. Diesen Kuchen kann man nur mit einem Löffel aus dem Glas essen. Das geeignete Glas für Kuchen im Glas hat eine konische Form, damit die Möglichkeit besteht, den Kuchen herauszustürzen.

Gläser gibt es in fast allen Größen und Formen, einige zum Einkochen interessante Formen möchte ich Ihnen genauer erklären.

Rundglas mit Schulter

Rundglas konisch mit Schulter am Griff

Sturzglas konisch: Dieses Glas ist das wohl für alles geeignetste Glas, für charaktervolle Pasteten und duftenden Kuchen im Glas ebenso wie auch für herrlich riechende Brote!

Das Glas weist eine runde Form auf, die Mündung ist dabei vom Umfang her größer als der Boden, damit sich der Inhalt bei Bedarf auch stürzen lässt. Man kann diese Gläser für Fingerfood, Suppen etc. verwenden. Und natürlich nicht zuletzt auch nur für Marmeladen, wobei die Gläser den Vorteil haben, dass nichts in Ecken hängen bleibt und so mit dem Messer oder Löffel immer bis zum letzten Tropfen alles aus dem Glas zu bekommen ist.

Allerdings gibt es selten einen Vorteil ohne Nachteil, Gläser und Flaschen mit einer konischen Form sind nicht einfach zu etikettieren. Einige verwenden kleinere längliche Etiketten, damit diese möglichst ohne falten am Glas kleben. Oft sieht man, dass die notwendigen Informationen über den Inhalt auch nur am Deckel etikettiert werden oder auch einfach händisch mit einem Lackstift daraufgeschrieben werden. Aus den erwähnten Gründen ist es daher nicht ganz so beliebt wie die folgenden Gläser.

Sturzglas gerade: Diese Glasform wird meist für Pasteten und Suppen verwendet, aber sie ist für alle Füllarten geeignet. Die Glasform ist sehr gerade, da die Mündung exakt so breit ist wie das Glas.

Einige Serien haben einen Vorteil: einen zusätzlichen gläsernen Schutzring kurz nach der Mündung. Dieser Ring verhindert, dass, wenn mehrere Gläser nebeneinanderstehen, sich die Deckel nicht durch das Aneinanderrütteln öffnen, dies geschieht bei Gläsern ohne diesen Ring meist beim Transport oder leider gerne auch im Einkochautomaten! Da diese Serien auch von der Industrie gerne verwendet werden, sind diese Gläser auch günstiger als vergleichbare Produkte.

Kein Vorteil ohne Nachteil: Die Ringe müssen besonders beachtet werden, denn dort bricht gerne einmal ein Stückchen Glasrand weg und so entsteht dort schnell eine Möglichkeit für schmerzhafte Schnittwunden!

Eckige Gläser: Diese Gläser sind in viereckiger, sechseckiger, achteckiger, zehneckiger und zwölfeckiger Form erhältlich.

Diese Gläserserien (vor allem sechseckig und achteckig) sind beliebt, weil sie gut geschlichtet werden können, ohne Platz im Küchen- oder Verkaufsregal zu verschwenden. Durch die geraden seitlichen Flächen ist auch das Etikettieren sehr einfach. Der Nachteil dieser Gläser liegt aber auch in den Ecken: Da die Mündung um einiges kleiner ist, ist es oft unmöglich, mit einem Löffel oder Messer die letzten Reste des Füllgutes aus den Ecken zu holen, was bei Freunden und Kunden gleichermaßen zu Frust und Beschwerden führt. Auch sind diese Kanten oft Grund für Spannungsrisse im Glas bei zu großen Temperaturunterschieden.

Rundgläser mit engerer Mündung als der Glaskörper: Dies ist das typische Konservenglas, in dem Sie fast jede Art von Füllgut finden werden. Beginnend mit einem Durchmesser von 43 mm bis zu fast 200 mm Durchmesser werden Sie fast jede Größe finden.

Im Handel finden Sie von Billigstgläsern mit wenig Glasgewicht bis zu richtig teuren Spezial-Einlegegläsern mit 5 l Volumen (randvoll) beinahe alles, die Palette ist riesengroß. Ob diese Form immer als schön zu bezeichnen ist, ist eine andere Frage, ebenso leidet die Unverwechselbarkeit Ihres Produktes, da dies die meistverkaufte Form ist.

Sturzglas konisch

Sturzglas gerade

Sechseckiges Glas

Rundglas mit kleiner Schulter

Bügelverschlussgläser: Wie bereits beschrieben, sind Bügelverschlussgläser eigentlich zwei zusammenpassende Einzelgläser, die mit einem Metallbügel zusammengehalten und verschlossen werden. In der Anschaffung sind diese Gläser teurer als die übrigen Gläserarten, dennoch bei Produzenten von hochwertigen Produkten sehr beliebt. Ein weiterer Vorteil dieser Bügelverschlussgläser ist der mehrmalige Gebrauch ähnlich der Variante mit Glasdeckel. In Bügelverschlussgläser können Sie alles abfüllen, Sie werden immer ein gutes Ergebnis bekommen. (Außer vielleicht, wie schon erklärt, beim Kuchen …)

Aber auch hier müssen Sie aufpassen, das Drahtgestell wird in unterschiedlichen Qualitäten angeboten, so kann es passieren, dass es nach dem Waschen grau bis schwarz wird.

Rex-Glas, 390 ml

Bügelverschlussglas (= kein Rex-Glas)

DER DECKEL

Ohne den richtigen Deckel wird das Einkochen schnell zum Desaster, daher ist dieses Kapitel eines der wichtigsten in diesem Buch. Wenn Sie die falschen Deckel verwenden, können Sie noch so perfekt einkochen, das Ergebnis wird immer ein schlechtes sein.

DECKEL AUS GLAS

Die für den Gebrauch zu Hause am meisten verwendeten und für alle Arten von Füllgut am geeignetsten Deckel sind solche aus Glas.

EINKOCHRING VON WECK & REX

Ohne diesen geht es bei Glasdeckeln gar nicht. Von vielen wird dieser rote Einkochring auch „Gummidichtung" genannt. Doch die originalen Weck- und Rex-Einkochringe sind nicht aus Plastik, sondern aus Naturkautschuk und somit kein Erdölprodukt! Daher haben diese Einkochringe andere Eigenschaften als ihre Kopien, die wirklich aus einer PVC-Mischung (z. B. Silikon oder Ähnlichem) hergestellt werden. Während die Dichtungen aus PVC bei höheren Temperaturen giftig werden können, sind die Naturkautschukringe auch bei höheren Temperaturen unbedenklich. Sie können allerdings kein zweites Mal benützt werden.

Die Einkochringe dürfen nicht sterilisiert, sondern nur in lauwarmem Wasser (gerne mit etwas Spülmittel) gewaschen werden, denn die Einkochringe reagieren auf Wärme und werden dann größer, ebenso beim Kontakt mit Öl.

WELCHE ARTEN VON DECKELN GIBT ES NEBEN DEM GLASDECKEL?

Die mit Abstand am häufigsten verwendeten Deckel weltweit sind Metalldeckel zum Schrauben wie Twist-Off-Deckel und Außengewindedeckel (GPI-Deckel oder auch „Home-Canning"-Deckel genannt). Daneben gibt es Stülpdeckel und Klammerdeckel (AK-Deckel), ebenfalls aus Metall, aber auch aus Plastik. Stülpdeckel und Klammerdeckel sind aber nur mit einer Maschine zu verschließen und werden ausschließlich in der Industrie verwendet, daher sind diese für uns zum Einkochen nicht relevant.

Twist-Off-Deckel (TO) oder Deep-Twist-Off-Deckel (DTO oder TO-D)

Der einzige Unterschied zwischen diesen beiden Deckeln ist die breitere seitliche Fläche bei dem Deep-Twist-Off-Deckel. Im Grunde genommen haben beide das gleiche Verschlusssystem und doch benötigen Sie unterschiedliche Gläserserien, da die Mündung der Deep-Twist-Off-Gläser höher sein muss.

Für mich sehen diese Gläser hochwertiger aus und doch sind diese noch sensibler beim Verschließen mit den DTO-Deckeln (siehe „Wie verschließe ich einen Twist-Off-Verschluss richtig?" ab S. 35).

Twist-Off-Deep-Deckel

Außengewinde-/GPI-Deckel

GRUNDSÄTZLICHES ÜBER ALLE METALLDECKEL

Die meisten bestehen aus Weißblech, die auf der Außenseite nach Wunsch verschiedenfärbig lackiert werden. Die Innenseite (Unterseite) wird ebenfalls lackiert bzw. mit einem speziellen Kunststofflackbelag beschichtet.

Auf der Innenseite des Deckels befindet sich ein Ring. Dieser Ring (im Fachjargon „Combound" genannt) besteht im Normalfall aus einer Plastikmasse und dient als Abdichtung zur Glasmündung.

Wenn man sich die Mündung eines Konservenglases unter einem Mikroskop anschaut, ist diese nicht so gerade und rund, wie es den Anschein hat, wenn man mit dem Finger über die Glasmündung streicht, sondern sieht eher aus wie ein Gebirge mit hohen Zacken und tiefen Gräben. Genau dort in „dieses Gebirge" drückt sich dieser Ring aus der Plastikmasse ein und dichtet luftdicht ab. Daher sollte man einige wirklich wichtige Regeln bei der richtigen Benützung der Deckel beachten!

Jeden Deckel nur einmal benutzen und danach wegwerfen

Ja, ich weiß, in 99 % aller Kochbücher und Food-Zeitschriften steht etwas anderes. Und in ebenso vielen Internetforen wird berichtet, dass immer schon die Deckel wiederverwendet wurden und „gut ausgekocht" oder in Alkohol über Tage stehen gelassen und dann sowieso im Geschirrspüler gut gewaschen werden. Einige werden sich auch denken, dass trotz alter Deckel noch nie etwas schimmelig wurde. Auch hätten die wiederverwendeten Deckel nur selten kein Vakuum gezogen. Diese Berichte findet man in persönlichen Gesprächen wie auch in ganz vielen Internetforen oder in vielen Kochbüchern.

Aber viele der Autoren, Administratoren und Hobbyköche wissen gar nicht, dass es nicht nur um die Dichtheit geht, sondern dass die Gefahr ganz woanders besteht, nämlich die Verseuchung des Füllguts durch kleinste Teile des bisher mineralölhaltigen Combounds, also des Dichtrings sowie Teile der Beschichtung!

Der vorher beschriebene **Combound** ist **nach der ersten Verwendung** hart und daher **unbrauchbar**! Wirklich kleinste Teile, für das Auge nicht sichtbar, brechen – möglicherweise ab der zweiten Verwendung – beim Abkühlen der Pasteurisierung oder Sterilisation aus der harten Masse ab, fallen, wenn alles gut geht, nach außen, wenn es weniger gut geht, nach innen in das Füllgut.

Dann ist es ziemlich egal, ob BIO-Produkte oder konventionelle Produkte verwendet werden. Das Ergebnis könnte zum Beispiel eine Marmelade mit kleinsten unsichtbaren Plastikteilchen sein! Diese gelangen dann über die Nahrungsaufnahme in unseren Körper und können dort für viele Störungen und Krankheiten verantwortlich sein. Und all das nur, weil man gerade einmal ein paar Cent gespart und den Deckel von dem gerade verbrauchten Glas vom eingelegten Hering oder den Gewürzgurken verwendet hat!

WICHTIG: NICHT AN FALSCHER STELLE SPAREN

Ein Deckel kostet je nach Größe bei Ihrem Glashändler zwischen 5 und 15 Cent, Ihre Arbeit und die Lebensmittel kosten ein Vielfaches davon. Daher werfen Sie bitte alle alten bereits verwendeten Deckel weg!

Auch neue Deckel mit warmem (nicht heißem) Wasser abwaschen

Wenn Sie Deckel mit heißem Wasser auswaschen oder, wie ich unlängst gehört habe, im Geschirrspüler waschen, erwärmen Sie den Deckel bereits zum ersten Mal! Sollte der Deckel nachher nur ein wenig kälter werden, härtet er aus. Das Ergebnis danach habe ich oben beschrieben. Also bitte den neuen Deckel mit warmem, besser lauwarmem Wasser abwaschen! Ein Auskochen, Sterilisieren oder Ähnliches ist nicht notwendig!

Den Deckel nicht in Essigwasser, Alkohol oder Ähnliches legen

Hier muss ich noch zusätzlich etwas erklären: Die Beschichtung auf der Innenseite des Deckels soll die „Kommunikation" zwischen dem Füllgut und dem Weißblech verhindern. Je nach Art und Aggressivität des Füllguts benötigt der Deckel eine einfache, zweifache oder mehrfache Beschichtung.

Wenn Sie einen Deckel, der für Marmelade und Honig geeignet ist, in Essigwasser legen, beginnt der Essig sofort, diese Beschichtung anzugreifen. Hier reichen schon wenige Augenblicke, um die Beschichtung des Deckels zu verletzen. Alkohol ist sogar um ein Vielfaches aggressiver als Essigwasser, aber der Vorgang ist der gleiche.

Bitte legen Sie Deckel deshalb nicht in Essigwasser oder in Alkohol! Das Abspülen neuer Deckel in lauwarmem Wasser ist völlig ausreichend.

WICHTIG: AUF EINEN BLICK – DECKEL RICHTIG VERWENDEN

- Deckel aus Metall immer nur einmal verwenden!
- Neue Deckel in warmem Wasser abspülen, nie in heißem!
- Neue Deckel nie in Essigwasser, Alkohol oder Ähnliches legen!

WELCHER DECKEL FÜR WELCHEN ZWECK?

In den meisten Fällen werden drei Arten (Kategorien) von Deckeln verwendet, diese Kategorien geben an, wofür diese Deckel zu verwenden sind. Die meistverkauften und auch verwendeten Deckel sind die der Marmelade-/Honig-Kategorie, leider werden diese Deckel aus Unwissenheit aber auch für andere Produkte verwendet.

Wenn in ein mit einem Marmeladendeckel verschlossenes Glas ein Füllgut mit beispielsweise Öl oder Chili etc. gefüllt wird, wird innerhalb kürzester Zeit die Innenbeschichtung des Deckels angegriffen bzw. aufgelöst. Schon nach wenigen Tagen sieht man kleine schwarze Punkte auf der Innenseite des Deckels und nach ein paar Wochen könnte dieses Glas schwer gesundheitsbedenklich sein!

Alle Deckelhersteller verwenden zwar nicht exakt gleiche Angaben, aber grundsätzlich können Sie die Beschichtung des Deckels über einen Wert feststellen, den jeder Glashändler kennt. Über den Wert, wie viele ppm/SO_2 eine Beschichtung garantiert, wissen Sie, wofür der Deckel geeignet ist.

1 PPM/SO_2 (PARTS PER MILLION/GAS; 1 TEIL EINER MILLION/SCHWEFELDIOXID)

1 ppm/SO_2 bedeutet, dass in 1 m^3 Luft 1 cm^3 Schwefeldioxid enthalten ist. Damit lässt sich relativ leicht errechnen, ob ein Deckel für Ihr Füllgut geeignet ist! Je mehr ppm/SO_2 ein Deckel aufweist, desto weniger Sorgen brauchen Sie sich machen!

Marmelade/Konfitüre & Honig: mind. 20 ppm/SO_2

Deckel für Marmelade und Honig sind die gebräuchlichsten Deckel! Diese Deckel sind wirklich nur für Marmelade und Honig geeignet. Ihre Beschichtung entspricht dem Wert 20 ppm SO_2!

Achtung: Die meisten der Deckel, die Sie im Supermarkt, Baumarkt oder Gartencenter kaufen, entsprechen dieser Kategorie, sind also nur für Marmeladen oder Honige geeignet und Sie sollten keinen zusätzlichen weiteren Bestanteil in Ihrem Rezept verwenden (siehe Liste: „Welche Produkte benötigen auf jeden Fall einen Deckel mit 100 ppm/SO_2?", S. 33).

Sauergemüse/einfache Pestos: mind. 60 ppm/SO_2

Diese Deckel sind für eingelegtes Gemüse und leichte Essigmischungen bzw. sehr leichte Ölmischungen wie Sonnenblumenöl usw. geeignet (nicht für aggressive Öle wie Olivenöl oder Kürbiskernöl). Diese Kategorie wird vorwiegend von den Sauergemüse-Einlegeprofis verwendet. Ich empfehle Ihnen daher die nächste Deckelkategorie, auch wenn Sie nur sauer einlegen oder fermentieren wollen.

Fetthaltige und essighaltige Füllgüter: mind. 95 bis 100 ppm/SO_2

Das ist die höchste Kategorie, mit diesem Deckel können Sie alles verschließen, ob Marmelade, Honig, Sauergemüse, Chutneys, Senf etc., nur mit Alkohol sollten Sie aufpassen, die Volumenprozentanzahl des verwendeten Alkohols ist hier maßgeblich (hier hat jeder Deckelproduzent eigene Richtlinien – je nach Art der Innenbeschichtung und des Combounds). Das Gute ist, dieser Deckel ist unwesentlich teurer als der Marmelade- oder Honigdeckel! Daher empfehle ich Ihnen, nur diese Kategorie von Deckeln zu kaufen und Sie brauchen nie nachzudenken, welchen Deckel Sie jetzt nehmen sollten.

Ich hoffe, nach meinen Ausführungen geben Sie mir Recht, es zahlt sich nicht aus, die falsche Deckelkategorie zu verwenden.

WELCHE PRODUKTE BENÖTIGEN AUF JEDEN FALL EINEN DECKEL MIT 100 PPM/SO_2?

Wenn Sie eines dieser Lebensmittel verwenden, auch wenn es nur wenige Teile, Prozentpunkte des gesamten Rezeptes betrifft, müssen Sie einen Deckel der 100-ppm/SO_2-Kategorie verwenden!

- Paprika, Pfefferoni und Chili
- Kren (Meerrettich) und Wasabi
- Zwiebel und Jungzwiebel (Silberzwiebel)
- Spargel
- Senf bzw. Senfkörner
- Verschiedene aggressive Öle (z. B. Olivenöl, Kürbiskernöl, Tomatenkernöl etc.)
- Stark säurehaltigen Essig und auch Essig-/Öl-Mischungen
- Bitte besondere Vorsicht bei Alkohol!

TIPP: DECKELKAUF

Wenn Sie neue Deckel kaufen, achten Sie darauf, dass diese für 100 ppm/SO_2 freigegeben sind, dann haben Sie garantiert den richtigen Deckel für alle Zwecke! Oft finden Sie bei diesen Deckeln auch den Hinweis: Für alle Füllprodukte geeignet.

UNTERSCHIEDLICHE DECKEL FÜR PASTEURISATION & STERILISATION

Sie haben jetzt einen 100 ppm/SO_2-Deckel und trotzdem ist es möglich, dass Sie Probleme bekommen, wenn Sie mit über 100 °C einkochen. Grund dafür könnte sein, dass der Großteil der verkauften Deckel nur für Pasteurisation geeignet ist, also bis zu einer Temperatur von 95 °C. Wenn Sie höhere Temperaturen verwenden müssen, bitte dies beim Einkauf unbedingt mitteilen. Ihr Glashändler wird vielleicht nicht alle Farbvarianten auch für Sterilisation (so heißt der Prozess, wenn über 100 °C eingekocht wird) lagernd haben, aber sicher einige Auswahlmöglichkeiten.

Seit einiger Zeit bieten verschiedene Metalldeckel-Produzenten nun auch spezielle Deckel für Kaltabfüllungen an, diese sind vom Combound etwas weicher, was eine bessere Verschließung ermöglicht. Doch auch hier ist Fingerspitzengefühl gefragt, denn das Überdrehen von diesen Deckeln kommt unerwartet.

GARANTIE DER DECKELPRODUZENTEN/MINDESTHALTBARKEIT DER DECKEL

Alle Hersteller geben als Mindesthaltbarkeit der Deckel zwei Jahre ab dem Produktionsdatum an. Das heißt nicht, dass die Deckel nachher nicht mehr zu verwenden sind, hier kommt es auf die Lagerung bei gleichmäßiger Temperatur an, denn diese kann die Haltbarkeit um ein Vielfaches verlängern.

BISPHENOL A IN DECKELN ODER DIE „BÖSEN" WEICHMACHER

In letzter Zeit wurden wir vermehrt in den Medien über das „böse" Bisphenol A (abgekürzt BPA) informiert. Ja, Bisphenol A ist sicher bedenklich, aber wie sehr, kann heute noch keiner mit Gewissheit sagen. Es steht im schweren Verdacht, den Hormonhaushalt der Menschen zu verändern. Durch die Chemieindustrie wie auch Produzenten von Plastik ist es meist für uns Normalverbraucher nicht eindeutig festzustellen, ob hier die Gewinnoptimierung im Vordergrund der Industrie steht und somit die Nachteile für den Menschen in Kauf genommen werden. Diese Konzerne reagieren erst, wenn der Druck der Konsumenten auf die Politik groß genug ist und Gesetze erlassen werden.

Daher ist es etwas Besonderes, dass Frankreich als erster und einziger Staat der EU Verpackungen, die Bisphenol A beinhalten oder in der Herstellung benutzen, verboten hat, nun haben auch die großen Supermarktketten reagiert und vesuchen nun auch die Abfüller zu „bewegen", keine Deckel mehr zu verwenden, die BPA enthalten. Im Deckelbereich kam Bisphenol A in einigen Lackarten (außenliegender Teil des Deckels), aber auch in der Innenbeschichtung zum Einsatz. Einfach erklärt, hat Bisphenol A Lacke und Beschichtungen flüssiger gemacht, um diese gleichmäßiger auftragen zu können.

Die meisten europäischen Deckelproduzenten reagierten ebenfalls sehr schnell und verzichten nun großteils auf Bisphenol A, nicht zuletzt, weil Frankreich einen sehr hohen Marktanteil bei der Verwendung von Deckeln und Verschlüssen aufweist.

Sie erkennen diese Deckel daran, dass BPA free oder BPA n.i. (Bisphenol A not included) bei den Kurzbeschreibungen zu lesen ist. Die meisten unserer Kassenzettel werden auf Thermopapier gedruckt, in dem übrigens genauso Bisphenol A enthalten ist … Dieses Papier nehmen wir alle oft mehrmals pro Tag in die Hand.

PVC-FREIE DECKEL

Dieses Thema wird gerne von den Medien und vielen umweltbewussten Menschen als Diskussionsthema benutzt, um Stimmung für oder gegen die Industrie zu machen. Gleich vorweg: Ja, es gibt Deckel ohne PVC! Mittlerweile bieten einige größere und auch kleinere Hersteller PVC-freie Deckel an.

Was ist PVC?

Der ausgeschriebene Name lautet Polyvinylchlorid und ist, möglichst einfach erklärt, ein auf einmalig zugeführte Wärme reagierender Kunststoff, der nur unter Beimischung von Weichmachern und Stabilisatoren für den Zweck des Abdichtens im Deckelbereich verwendet werden kann.

Welcher Teil des Deckels ist hier als PVC-frei gemeint?

Nun zum Detail, wir reden ausnahmslos von den Combounds der Deckel, also vom äußeren etwas erhabenden Ring auf der Innenseite des Deckels. Dieser Ring hat eine nicht unwichtige Aufgabe, er dichtet den Deckel in Richtung Glas ab und kann mit dem Füllgut direkt in Berührung kommen, aber auch über die Luft mit dem Füllgut „kommunizieren". Dieser Ring ist aufgrund seiner Eigenschaft sehr sensibel, bis jetzt haben daher im Verhältnis nur wenige Deckelproduzenten einen „PVC-freien" Deckel auf den Markt gebracht, der die gleichen Eigenschaften wie PVC-haltige Deckel aufweist.

Einen kleinen Nachteil haben diese PVC-freien Deckel aber noch, sie benötigen wesentlich mehr Erfahrung im Umgang beim Verschließen. Die meisten Deckel müssen vorgewärmt werden und es bedarf einer Wartezeit, bevor diese dann verpackt werden können. Auch empfehlen fast alle Hersteller diese ausschließlich für eine maschinelle Verschließung!

WIE VERSCHLIESSE ICH EINEN TWIST-OFF-VERSCHLUSS RICHTIG?

Nun zu einem wesentlichen Thema, hier werden viele und leider auch die schwerwiegendsten Fehler gemacht. Wer nicht richtig verschließt, hat nachher ein Problem, denn wenn die Gläser offen sind, verdirbt der Inhalt!

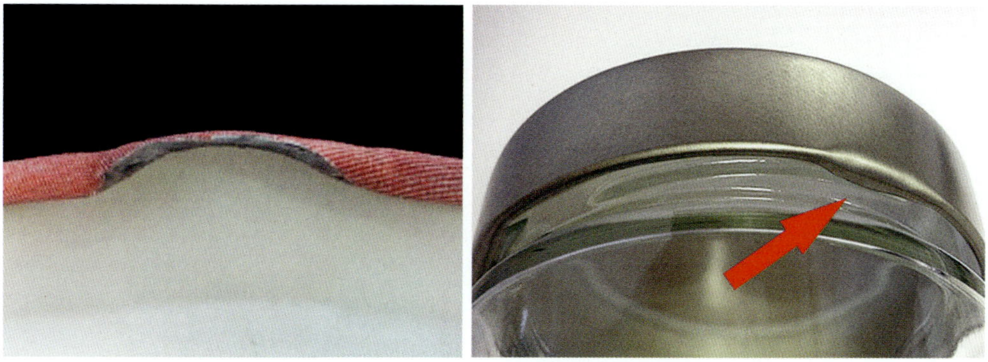

Deckel ist überdreht; rechts: Deckel ist richtig aufgesetzt

Falsch aufgesetzt; rechts: richtig aufgesetzt

Was passiert, wenn ich den Deckel so fest wie nur möglich andrehe?

1. Möglichkeit: Ich überdrehe den Deckel sofort, das bedeutet, dass die Noppen im Metalldeckel durch meine Kraft aufbiegen. Wenn das passiert, klickt es und ich kann den Deckel am Glas so oft ich will drehen, ohne dass der Deckel am Gewindegang wieder greift.

2. Möglichkeit: Ich drehe den Deckel so fest zu, dass die Noppen bereits leicht aufgebogen sind, aber noch am Gewindegang greifen, jetzt reicht nur noch ein wenig Überdruck beim Einkochen und die Noppen werden ganz aufgebogen und das Glas ist nicht mehr verschlossen.

So ist es richtig: Schauen Sie sich Ihr Glas an, sehen Sie die Gewindegänge? Das sind diese Ausbuchtungen, die wie „Warzen" an der Glasmündung wegstehen. Jede Ausbuchtung ist ein Gewindegang mit Anfang und Ende eines Gewindegangs.

Für Produkte, die eingekocht/pasteurisiert werden: Legen Sie den Deckel auf das Glas und beobachten Sie eine Noppe genau! Diese sollte sich beim Verschließen maximal bis zu einem Drittel der Gesamtlänge des Gewindeganges bewegen. Wenn Sie den ersten Gegendruck verspüren und nicht weiterdrehen, ist es genau richtig. Im jetzigen Zustand wäre dieses Glas noch offen, aber nach dem Erwärmen und dem darauffolgenden Abkühlen entsteht ein Vakuum, somit ist Ihr Glas perfekt verschlossen.

TIPP: KONTROLLE (gilt nur bei Twist-Off- und Deep-Twist-Off-Verschlüssen)

Machen Sie beim ersten Verschließen mit einem abwaschbaren Filzstift auf dem oben anfangenden Gewindegang einen geraden Strich Richtung Konservenglasboden, nun verschließen Sie das Glas mit dem Deckel bis zum ersten „Druckpunkt" (Widerstand). Nun schauen Sie, wo sich die Noppe des Deckels auf dem gekennzeichneten Gewindegang befindet und ziehen dort ebenfalls einen Strich Richtung Glasboden. (Die Noppe des Deckels sollte nicht verbogen sein!)

Die zwei Striche sollten im Bestfall zwischen 2 und 5 mm auseinanderliegen – je nach Größe des Glases und Gewindeganges aber maximal ein Drittel der Gesamtlänge des Gewindeganges. Dann haben Sie alles richtig gemacht.

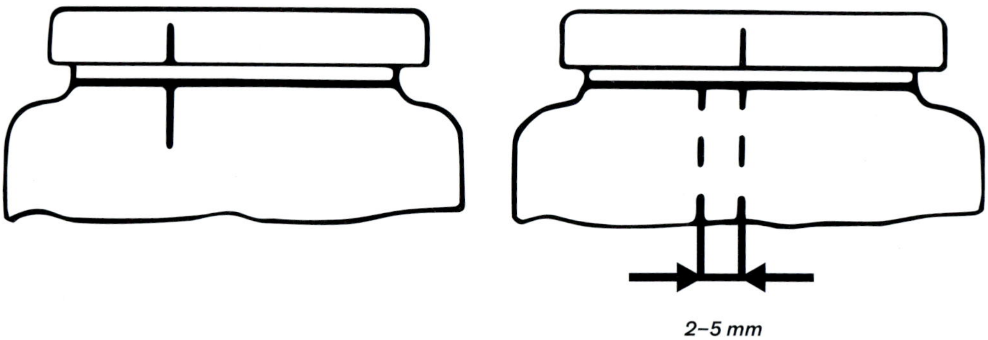

Für Kaltabfüllungen oder Produkte, die warm eingefüllt werden, aber nicht mehr pasteurisiert werden dürfen: Auch hier haben Sie zwei Möglichkeiten, die erste erfordert Fingerspitzengefühl, die zweite Möglichkeit ist sicherer, erfordert aber einen zusätzlichen Arbeitsgang: Ich nenne diesen Arbeitsgang Kopfraumerwärmung für den Hausgebrauch.

- **Fingerspitzengefühl gefragt!** Sie verschließen wie oben beschrieben das Glas, drehen aber den Deckel um knapp 1 mm weiter, die Noppen am Deckel sind jetzt ganz leicht aufgebogen. Wichtig ist es, jetzt die Gläser keiner großen Temperaturschwankung auszusetzen, denn dabei verändert sich das Glas und die Deckel werden aufspringen. Wenn Sie sicher gehen wollen, dass Ihr Glas nicht mehr aufgeht, empfehle ich Ihnen die nächste Möglichkeit.
- **Kopfraumerwärmung für den Hausgebrauch:** Im Grunde genommen ist diese Methode sehr einfach durchzuführen, Sie müssen die Deckel kurz vor dem Verschließen erwärmen, entweder Sie legen die richtige Anzahl an Deckeln in einen Backofen bei maximal 40–50 °C und verschließen dann mit einem Handschuh (Vorsicht heiß!) die Gläser. Durch das Abkühlen der Deckel entsteht ein geringes Vakuum. Sie können aber auch die Deckel mit der lackierten Seite nach unten (Sie sehen den Innenteil des Deckels) für einige Sekunden (2–5 Sekunden) auf eine warme, aber nicht zu heiße Herdplatte oder in eine alte Pfanne legen! Die Hitze darf den Deckel nicht verbrennen, soll diesen aber stark erwärmen. Nehmen Sie den Deckel mit einem Kochhandschuh (Vorsicht heiß!) und verschließen Sie das Glas ebenfalls bis zu maximal einem Drittel des Gewindeganges. Nach kurzer Zeit zieht der Deckel ein Vakuum! Dies ist die bereits am Anfang erwähnte Kopfraumpasteurisation für zu Hause.

WICHTIG: VORSICHT VERBRENNUNGSGEFAHR

Bei schlecht geschlossenen Gläsern kann heißes Füllgut auslaufen, hier herrscht dann akute Verbrennungsgefahr!

WELCHES GLAS IST FÜR WELCHES FÜLLGUT GEEIGNET UND WELCHE MÜNDUNGSGRÖSSE IST VON VORTEIL?

Die unterschiedlichen Arten von Glas und Deckeln haben wir jetzt geklärt, warum sind dennoch manche Gläser besser geeignet als andere? Der Inhalt und auch die Bestimmung des Glases (Eigengebrauch, Verkauf an Privat- oder Firmenkunden) zwingen zu unterschiedlichen Lösungen bei der Wahl der Größe der Mündung, der Art des Verschlusses und dadurch auch der Größe des Glases.

Sie haben es sicher schon gemerkt, manche Glasformen sind nicht mit allen Füllinhalten erhältlich, das hat einerseits mit den Absatzmengen zu tun, aber – und dieses trifft wesentlich öfter zu – manche Füllinhalte sind einfach für die Produktbestimmung des Glases ungeeignet.

Nehmen wir zum Beispiel eine für jeden Deckel sehr aggressive Art des Füllgutes: frisch geriebener Kren (Meerrettich). Dieser erfordert aufgrund seiner ätherischen Öle einen auf der Innenseite beschichteten Deckel mit 100 ppm/SO_2. Da der Kren (Meerrettich) aber so aggressiv ist, sollte die Mündungsgröße des Glases trotzdem nur zwischen 38 mm und 48 mm betragen. Sie werden feststellen, dass Sie im Supermarkt kein Glas mit Kren (Meerrettich) finden werden, das einen größeren Durchmesser hat.

MARMELADE (KONFITÜRE), GELEES UND HONIG

Bei diesen Produkten sind Ihrer Phantasie keine Grenzen gesetzt, alle Möglichkeiten von Glas und Deckeln können Sie ohne Ausnahme verwenden. Vorausgesetzt Sie haben keinen der „gefährlichen" Stoffe im Rezept (siehe Kapitel Deckel: „Welcher Deckel für welchen Zweck?", S. 31).

EINGELEGTES GEMÜSE (SAUERGEMÜSE), OBST, PILZE

Da diese Füllgüter (Gemüse wie Spitzpaprika, Spargel, Gurken usw.) fast immer mit der Hand eingelegt werden, wählt man ein Glas mit einer möglichst großen Mündung. Kleinere Mündungen sind da eher unpraktisch, weil man das Füllgut schlecht in das Glas schlichten kann. Das Glas sollte auch einen wesentlich größeren Körper (Bauch) als die Mündung haben. Dabei hat das Glas eine Art Schulter (daher der Name Schulterglas), die Sie als Stütze für längliche Gemüsearten nehmen können. Die Deckelgröße sollte mindestens 82 mm (Durchmesser) sein.

WURST, PASTETEN UND FLEISCHAUFSTRICHE

Bei diesen Füllinhalten sollten Sie auf jeden Fall ein Sturzglas (gerade oder konisch) verwenden, um die möglichen Lufteinschlüsse zu vermeiden. Auf keinen Fall sollten Sie aus diesem Grund Schultergläser verwenden, da dort diese Lufteinschlüsse praktisch nicht zu vermeiden sind. Wenn Sie mit der Hand abfüllen, empfiehlt sich eine große Mündung mit mindestens 70–100 mm.

PESTO, CHUTNEYS, SENF UND KREN (MEERRETTICH)

Diese Füllinhalte gehören in die „gefährliche" Kategorie, achten Sie unbedingt auf den richtigen Deckel (100 ppm/SO_2). Sie sollten eine möglichst kleine Mündung wählen, wie schon oben für den Kren (Meerrettich) erklärt! Dadurch kann das Füllgut aufgrund der kleinen Deckelfläche nicht so leicht die Beschichtung des Deckels angreifen. Je kleiner die Mündung, umso kleiner ist die Deckelfläche, umso geringer wird das Risiko, dass die Dämpfe der ätherischen Öle die Beschichtung anzugreifen versuchen. Hier ist eine Mündungsgröße bis zu maximal 66 mm empfehlenswert (bei Kren/Meerrettich bis maximal 48 mm).

KUCHEN, BROT UND PIZZA

Hier gilt: Je breiter, desto besser, also mindestens 66–110 mm große Deckel wählen.
Alle anderen Arten von möglichen Füllungen benötigen keine besonderen Mündungsgrößen!

WENIGER INHALT IST BESSER: FÜLLVOLUMEN VON GLÄSERN

Dieses „Weniger Inhalt ist besser" trifft selten so zu wie beim Einkochen. Durch das Gutgemeinte „Etwas mehr" bekommen Sie hingegen große Probleme. Überfüllte Gläser oder Flaschen können beim Pasteurisieren den an sich gut verschlossenen Deckel oder Verschlüsse aufdrücken, das ist aber nur eine von vielen Möglichkeiten, die bei überfüllten Glasbehältnissen passieren können, eine weitere ist der Glasbruch!

Alle Glasbehältnisse haben einen vom Glasproduzenten vorgegebenen Füllinhalt. Diese Angabe wird in ml (Milliliter; 1000 ml = 1 Liter) angegeben und bedeutet, das bei 20 °C Raumtemperatur und 20 °C warmem Wasser eine bestimmte Menge an Füllgut ins Glas passt. Bei **Konservengläsern** passt das maßgebliche Füllgut **randvoll** in das Glas, bei **Flaschen** reicht es bis zur **maximal erlaubten Füllhöhe**. (Mehr dazu unter „Glasflaschen“, S. 45). Dieses „Randvoll“ bedeutet wirklich, dass bis kurz vor dem Überlaufen eingefüllt wird.

Meist finden Sie diese Angabe am unteren Teil des Konservenglases, entweder auf der Seite oder am Boden (z. B. 212 ml).

WICHTIG: ACHTUNG!

Die Angabe „390 ml“ bedeutet nicht, dass diese angegebene Menge Füllgut in Gramm in das Glas passt, sondern das genau 390 ml Wasser unter den oben genannten Prüfkriterien (20 °C warmes Wasser + 20 °C warme Luft) in das Gefäß passen, nicht mehr, aber auch nicht weniger.

Bitte glauben Sie nicht, was in so vielen Kochbüchern steht, und füllen Sie nicht die Gläser und Flaschen grundsätzlich randvoll, der Irrglaube, wonach man sich hier das Pasteurisieren ersparen kann, stimmt einfach nicht.

SO VIEL PLATZ BENÖTIGT IHR FÜLLGUT IN DEM KONSERVENGLAS ODER DER GLASFLASCHE

5 % des gesamten Füllvolumens (randvoll) bei Pasteurisierung

9 % des gesamten Füllvolumens (randvoll) bei Sterilisierung

WICHTIG: VORSICHT BEI PASTETEN/WURST/FLEISCH IM GLAS!

Diese Füllgüter neigen zu extrem starken Ausdehnungen im Glas, besonders, wenn diese auch fetthaltig ist. Hier kommt es oft vor, dass kleinere Fettteilchen und Stücke sich zwischen dem Combound-Ring und dem Glas festsetzen.

Solche Gläser sind anfangs verschlossen, nach einiger Zeit beginnen diese kleinsten Fettteilchen aber doch zu arbeiten (also zu schimmeln) und die Gläser sind sehr schnell offen und der Inhalt verdorben! In der Fachsprache spricht man von einem Scheinverschluss.

Lösung dieses Problems: Bitte ca. ein Drittel des randvollen Volumens frei lassen! So hat die Masse beim Einkochen genug Platz, um sich auszudehnen!

FÜLLHÖHE BEI KUCHEN IM GLAS

Der Teig im Glas braucht Platz zum „Gehen“ und Backen. Bitte daher maximal 50 %, besser wäre nur ein Drittel, des Glasvolumens befüllen!

GENERELL: GLÄSER AUF DEN KOPF STELLEN

Das gerade frisch eingefüllte Glas auf den Kopf zu stellen, um sich eine Pasteurisierung zu ersparen, wie es in vielen Rezepten und anderen Kochbüchern beschrieben wird, ist keine gute Idee. Die zwischen dem Füllgut und dem Deckel eingeschlossenen Bakterien werden erst nach 20 Minuten bei einer Temperatur von mindestens 75 °C unwirksam.

GLASFLASCHEN

Bei diesen gibt es nicht ganz so viele Arten von Formen wie bei Konservengläsern. Die Unterschiede liegen hier im Detail, manche Glashütten bauen erfolgreiche Formen nach und verändern ein wenig das Glasgewicht (meist geringer), die Größe oder die Radien der Schultern. Im Prinzip ist es dann die gleiche Flasche, aber rechtlich doch nicht.

Wichtig sind bei den Flaschen die Mündungen, nur hier sind markante Unterschiede zu finden, um festzustellen, ob diese Flasche für Ihr Füllgut geeignet ist. Alles andere sind nur optische Unterschiede.

DIE GLASFLASCHE

Bei Flaschen sind die Varianten der Formen etwas eingeschränkt, es gibt runde, eckige, ovale. Flaschen gibt es zudem in unterschiedlichen Größen und mit verschiedenen Füllmengen. Diese richten sich nach dem für diese Flasche gewünschten Inhalt. Weinflaschen beispielsweise werden in Österreich und Deutschland mit folgenden Inhalten angeboten: 0,187/0,250/0,375/0,750/1,0/1,5 Liter. Natürlich könnten Sie auch einen Wein in einer Spirituosenflasche abfüllen (wäre das erlaubt), zum Beispiel in einer 0,2-Liter-Flasche. Nur gibt es dafür nicht eine einzige Flasche mit einer richtigen Mündung für Wein.

Sie sehen, es ist verdammt schwer sich abzuheben oder etwas anders zu machen als die anderen und doch haben Sie die Qual der Wahl. Der große Unterschied liegt wirklich einzig an der **Mündung**. An der Mündung ist erkennbar, wofür diese Flasche geeignet sein kann. Am Markt ist eine große Anzahl von Möglichkeiten, viele finden Sie aber nur im Glas-Fachhandel und nicht im Baumarkt oder Supermarkt.

Ich möchte, um es kürzer und einfacher zu machen, hier nur Flaschen für die manuelle Verschließung erklären. Denn wer hat denn schon ein elektrisches Anrollsystem zu Hause, das für viele der anderen Verschlussmöglichkeiten eine Voraussetzung wäre?

HINWEIS: MANUELL VERSCHLIESSEN

Manuelle Verschließung umfasst nur das, was Sie zu Hause mit der Hand zumachen können! Unter Umständen benötigen Sie dafür eine zusätzliche spezielle Zange, wie für den Kronenkorken oder die Pilfer-Proof-Verschlüsse, welche Sie im Fachhandel oder im Internet relativ günstig erwerben können.

DER VERSCHLUSS FÜR GLASFLASCHEN UND DIE MÖGLICHEN FORMEN

Hier werde ich Ihnen nur einen Überblick verschaffen können, der Glasmarkt verändert sich stetig, neue Formen werden im Wochenrhythmus präsentiert, andere Formen werden nicht mehr produziert, sodass sich immer spannende Dinge in diesem Markt bewegen! Dazu erkläre ich ein paar Ausdrücke, die Sie beim Kauf einer Flasche beachten sollten und die es Ihnen ermöglichen, unser „Fachchinesisch" besser zu verstehen.

Saft- und Sirupflaschen

Spirituosenflasche

Essig- und Ölflaschen

FLÜSSIGKEITSDICHT

Das ist der Fachausdruck, wenn eine Flasche nicht ausrinnen kann. Das bedeutet aber, dass hier Sauerstoff, also Luft, jederzeit zum Inhalt der Flasche hineingelangen kann.

GASDICHT

Das ist die erweitere Form von flüssigkeitsdicht, nur das hier kein Sauerstoff bzw. keine Luft zum Inhalt kommen kann.

WICHTIG: ACHTUNG BESONDERS BEI ÖL

Öl hat die besondere Eigenschaft zu kriechen. Nehmen wir einmal an, Sie haben eine Flasche selber mit Öl abgefüllt und diese normal angefüllt. Nun haben Sie diese Flasche im Sommer vor dem Küchenfenster leider vergessen wegzuräumen. Was passiert? Das Öl in der Flasche dehnt sich durch die Hitze aus, es beginnt sich durch die fest verschlossene Flasche einen Weg ins Freie zu suchen (wer in Physik aufgepasst hat, weiß, dass dieses „Phänomen" Kapillarwirkung heißt) und rinnt unterhalb des Verschlusses der Flasche entlang auf die Küchenplatte.

Leider kann Ihnen dies aber auch im Auto passieren, ohne dass es besonders heiß ist. Dazu muss die Flasche frisch aus dem Supermarkt nur umfallen, auch hier sucht sich das Öl seinen Weg. Wie können Sie das verhindern? Eigentlich nur, indem Sie die Flaschen mit Öl weniger anfüllen, nicht umlegen oder umfallen lassen und diese auch nicht in der Sonne stehen lassen. Egal welcher Hersteller von Ölflaschen und Ölverschlüssen, alle haben einen Beachtungshinweis, dass sie nur für die stehende Lagerung geeignet sind.

Oberbandmündung, geeignet für Spirituosen/eventuell Öl und Essig

Diese Mündung ist nur für einen Stopfen (Kork oder synthetische Korken) geeignet, das ist der Nachteil bei dieser schönen und oft gebräuchlichen Mündung. Diese Mündung wird vorzugsweise im Bereich **Spirituosen** eingesetzt. Selten, aber doch auch im **Öl- oder Essigbereich**, wobei ich hier den Nachteil des fehlenden Ausgießers nicht unerwähnt lassen möchte!

Bei Saft und Sirup verklebt oft der Kork. Auch wenn Sie die synthetischen Korken aus „Plastik" nehmen, das Verkleben bleibt, daher ist diese Mündung für den Bereich nicht zu empfehlen.

Diese Mündung finden Sie bei vielen Flaschenformen, etwa bei der meist verwendeten und für mich schönsten Edelbrand-Flasche Platin, aber auch bei der typischen Ölflasche, der Maraska.

Drehverschlüsse

Pilfer Proof 28/31,5/35 mm (PP28/PP31,5/PP35): Der Begriff steht für diebstahlsicheren Verschluss, die Zahlen dahinter geben den Durchmesser der Mündung an. Hierbei handelt es sich um eine gebräuchliche Mündung, die sowohl mit der Hand als auch mit einer Verschlussmaschine verschlossen werden kann. Diese Mündung ist ausschließlich flüssigkeitsdicht, aber nicht gasdicht (daher nicht geeignet für z. B. Mineralwasser oder Saft). Der Veschluss kann aus Metall, aber auch Plastik bestehen.

Bei Ölflaschen auch hier besonders beachten: bitte nur stehend transportieren!

Rical: Eine sehr einfache Mündung mit Verschluss für den **Essig- und Ölbereich**! Rical wird von Direktvermarktern bis zu kleineren Industrieproduzenten geschätzt. Der Verschluss ist aus Hartplastik und kann mit der Hand auf die Flaschenmündung gedrückt werden. Ein besonderer Vorteil ist die Garantielasche für den Beweis, dass die Flasche noch nicht geöffnet wurde.

Ein weiterer Vorteil: Dieser Verschluss zählt zu den günstigeren Varianten! Dennoch sind auch hier die Möglichkeiten der Flaschenformen ziemlich begrenzt.

Gasdichter Metall- oder Plastikverschluss

Dieser Verschluss (Metal Closur Aluminium, kurz MCA – MCA 28/MCA 31,5) ist flüssigkeits- und gasdicht. Er ist neben den Bügelverschlüssen für **Saft und Sirup** der perfekte Verschluss! Für diese Verschlussart gibt es bereits sehr gute Verschlüsse, die auch händisch aufzubringen sind.

Die Tücke steckt hier allerdings im Detail, nicht alle MCA-Verschlüsse, die Sie im normalen Lagerhaus erhalten, sind für eine Pasteurisation geeignet, genauso sind immer wieder Verschlüsse zu finden, die nicht einmal für eine Heißabfüllung geeignet sind. Bitte fragen Sie Ihren Glashändler!

Bügelverschluss

Die älteste und für mich schönste Art von Flaschen! Nicht, dass diese Flasche für alles geeignet wäre, aber hier kommen immer wieder Kindheitserinnerungen an selber abgefülltes Mineralwasser aus der Therme und auch die wunderbar süßen Himbeersäfte der Großmutter hoch.

Mit Bügelverschlüssen können Sie Ihre **Säfte**, **Sirupe** wie auch Ihre kohlensäurehaltigen **Biere** oder eben auch **Mineralwasser** verschließen. Natürlich sind Bügelverschlüsse auch für andere Getränke geeignet, wie zum Beispiel für **Spirituosen**.

Kronenkorken

Kronenkorken kennen Sie sicher von Bierflaschen und auch aus der Gastronomie, dass es aber eine händische Möglichkeit gibt, die zu Hause auch sehr gut funktioniert, das wissen nicht so viele. Dabei ist der Kronenkork die günstigste und auch praktischste Möglichkeit Flaschen zu verschließen. Leider sind hier aber die Glasflaschen ziemlich begrenzt, weil hier fast ausnahmslos Flaschen der großen Industriekonzerne angeboten werden.

Kronenkorken

Bügelverschluss

Gasdichter Metallverschluss zum händisch Aufdrehen

FÜLLINHALT VON FLASCHEN

Bei fast allen Flaschen finden Sie am Glasboden, neben den auch hier üblichen Produzentenkennzeichen, auch eine Angabe, wie hoch die Flasche befüllt werden darf. Hiermit garantiert Ihnen die Glashütte den richtigen Füllinhalt in der Flasche, auch hier bei 20 °C (Füllinhalttemperatur und Außentemperatur).

Ausgenommen sind hiervon Heißabfüllungen, für diese „Art" der Abfüllung gibt es einige „Spezialflaschen", die etwas mehr Inhalt als die üblichen Flaschen aufweisen. Das ist nötig, da bei Hitze die größtmögliche Ausdehnung von Flüssigkeiten anzutreffen ist. Wenn Sie beispielsweise in eine Flasche mit 500 ml Füllinhalt per Heißabfüllung Apfelsaft abfüllen, hätten Sie nach Erkalten des Saftes nur noch 480 ml Apfelsaft in der Flasche. Das wäre für den Hausgebrauch zwar erlaubt, aber sobald Sie Ihre Produkte verkaufen wollen, wäre eine solche Vorgehensweise schwer verboten.

Einkochen
JETZT GEHT'S LOS

VORBEREITETE GLÄSER UND FLASCHEN

Gläser und Flaschen gehören immer sauber und kurz vor dem Befüllen sterilisiert, genauso wie Glasdeckel. Am einfachsten sterilisieren Sie die **Gläser, Flaschen und** auch **Glasdeckel**, bevor Sie beginnen, die Rezepte nachzukochen, und zwar indem Sie diese **für 20 Minuten in einen 120 °C heißen Backofen** geben und danach umgedreht (Mündung nach unten) auf ein sauberes Geschirrtuch legen, bis sie zum Einfüllen dran sind. Diesen Vorgang bezeichne ich in den Rezepten als „vorbereitete Gläser bzw. Flaschen".

TO-Deckel oder **GPI-Deckel** müssen Sie **mit lauwarmem Wasser auswaschen** und trocknen lassen. Sterilisieren ist nicht nötig. Bitte, ich kann es nicht oft genug betonen, verwenden Sie alle Metalldeckel nur einmal!

WICHTIG: DAS DARF AUF KEINEN FALL IN DIE EINKOCHREZEPTE!

Milchprodukte, Jodsalz, Gewürzmischungen mit Hefe, Mehl und Fixprodukte, da man nie wirklich nachvollziehen kann, was drin ist.

WICHTIG: LAGERUNG UND HALTBARKEIT DER EINGEKOCHTEN PRODUKTE

Die Mindesthaltbarkeit der eingekochten Konservengläser und Flaschen ist unterschiedlich und hängt auch von Ihren Lagermöglichkeiten ab. Generell ist ein **gleichmäßig kühler** (sowohl im Sommer als auch im Winter), **dunkler Raum** wie etwa ein Keller sehr geeignet; nachdem ja nicht jeder Haushalt über so einen Raum verfügt, ist aber auch ein dunkler Platz im Kleiderschrank, wie zum Beispiel im Schlafzimmer, eine Alternative! Durch die Lagerung an einem Ort, an dem keine konstanten Temperaturen herrschen, kann sich die Haltbarkeitsdauer rasch um die Hälfte reduzieren.

Allerdings ist durch die unterschiedlichen Lagermöglichkeiten und -bedingungen auch die Haltbarkeit sehr unterschiedlich! Anlässlich der 100-Jahres-Feier bei der Firma Weck sind alte Gläser mit einem Einfülldatum von vor etwa 100 Jahren geöffnet und verkostet worden. Alle Produkte haben sich zwar farblich verändert, aber waren genießbar bzw. haben diese sogar gemundet.

Fleischprodukte sollten **innerhalb von 6 Monaten, Fischprodukte** bereits nach **3 Monaten, Gemüse** und **Obstprodukte** sollten nach ca. **12 Monaten** aufgegessen sein. Beachten Sie gerade bei Marmeladen auch die Haltbarkeitsdauer des Gelierzuckers selbst.

Oft stinken die Gläser auch nach dem Öffnen, dann ist das Füllgut leider verdorben. Dies trifft aber nicht bei Fleisch- und Fischgerichten zu (siehe Botulismus, S. 11), bei diesen Gerichten verwenden Sie vorsichtshalber ein Glasdeckelkonservenglas! Natürlich kann sich die Haltbarkeit bei guten Lagerbedingungen auf einen viel längeren Zeitraum verlängern, ob ein Glas noch genießbar ist, sagt Ihnen auf jeden Fall das **Vakuum**!

MARMELADEN (KONFITÜREN), GELEES, KOMPOTTE UND SÄFTE

Marmelade machen ist einfach und großartig, Sie brauchen nur aromatische Früchte mit Zucker vermischen, eventuell ein wenig Pektin dazugeben, die ganze Masse aufkochen, eine Gelierprobe machen, die Marmelade in Gläser abfüllen, das Ganze pasteurisieren und fertig ist eine köstliche selbst gemachte Marmelade. Das klingt alles sehr einfach, manchmal funktioniert das auch so. Da ich allerdings aus meinen eigenen Anfängen weiß, dass die Tipps in den vielen Büchern bei mir zu Hause selten meine aufgetretenen Probleme beschrieben haben und ich dann immer improvisieren musste, bemühe ich mich hier, möglichst alle Eventualitäten aufzuzählen.

SO GELINGT DIE MARMELADE (KONFITÜRE) GARANTIERT

Damit die Marmelade dickflüssig wird: Geliermittel

In der Natur finden sich natürliche Geliermittel in unreifen Äpfeln und Quitten, dieses darin enthaltene Pektin (= Geliermittel) eignet sich besonders für Marmeladen.

Vielleicht haben Sie auch schon von Agar-Agar als Pektinersatz gehört? Agar-Agar, auch japanische oder chinesische Gelatine genannt, wird aus der Zellwand einiger Rotalgen gewonnen und ist ein rein pflanzliches Bindemittel. Agar-Agar ist besonders für Diabetiker geeignet, da es auch ohne Zucker geliert!

Johannisbrotkernmehl ist ebenso ein natürliches Geliermittel. Die gemahlenen Samen des „Bockshörndlbaums" (österreichisch) oder auch Johannisbrotbaums werden Johannisbrotkernmehl genannt. Dieses Mehl wird schon jetzt in vielen Produkten für Diabetiker und Allergiker eingesetzt!

Vor allem Zitronensäure unterstützt das Gelieren besonders. Sie bekommen dieses meist in Pulverform angebotene Produkt in allen Supermarktketten.

TIPPS: PFLANZLICHE GELIERMITTEL

Bevor Sie Geliermittel in das Füllgut einbringen, vermischen Sie es mit ein wenig Zucker oder Saft.

Agar-Agar oder Johannisbrotkernmehl wird mit ein wenig lauwarmem Wasser oder Saft (am besten selbst gepresster Fruchtsaft, aber natürlich auch gekaufter Fruchtsaft) vermischt und unter das Füllgut gemischt.

Gelatineblätter in Wasser einlegen, gut ausdrücken oder aufgelöst in das heiße Füllgut mischen. Ich nehme hier meist Apfelsaft, wenn es zum Rezept passt.

Bei einigen Früchten wie Äpfeln, Quitten, Stachelbeeren oder Ribiseln (Johannisbeeren) können Sie auf Pektin verzichten, vorzugsweise wenn Sie keine reifen oder noch nicht voll ausgereifte Früchte verwenden. Dabei wird ausschließlich die passende Menge Frucht zu Normalzucker im Verhältnis 1 : 1 über eine wesentlich längere Zeit erhitzt. Der Nachteil daran: Sie zerkochen einige (viele) der Vitamine.

Fertige Gelierzucker

Für Anfänger rate ich unbedingt zu diesen Mischungen, diese garantieren fast immer ein Erfolgserlebnis und wenn Sie sich bereit füllen, können Sie gerne zum Experimentieren anfangen! Viele Zuckerhersteller bieten Gelierzucker an, die Angaben 1 : 1, 1 : 2 oder 1 : 3 beziehen sich auf das Verhältnis zwischen dem Packungsinhalt und dem Obst. So bedeutet die Angabe 1 : 1, dass 1 kg Gelierzucker für 1 kg Obst verwendet werden soll.

Bitte verwenden Sie immer ganze Verpackungseinheiten von Gelierzuckerpackungen, die Mischungen sind auf das richtige Verhältnis von Gelierzucker zum Fruchtanteil abgemischt und dürfen nicht verändert werden! Also nicht nur die halbe Packung verwenden, weil Sie zu wenig Früchte haben. Innerhalb der Packung Gelierzucker verteilt sich zum Beispiel die Menge an Pektin, Zitronensäure oder Kaliumcitraten etc. nicht so optimal!

TIPPS: GELIERZUCKER RICHTIG ANWENDEN

Nur ganze Verpackungseinheiten von fertigem Gelierzucker verwenden, nur so haben Sie ausgewogene Anteile an Geliermittel, Zitronensäure und Zucker!

Bitte achten Sie auf die Herstellerangaben – im Besonderen auf Einkochzeit und Haltbarkeit! Wenn Sie diese nicht einhalten, verliert Ihre Marmelade ihre fest werdende Masse wieder.

Fertige Gelierzuckermischungen bitte außerdem nicht länger als 3–4 Minuten kochen lassen.

Marmelade einkochen Schritt für Schritt

Das Obst sorgfältig aussortieren, waschen, entsteinen (entkernen), eventuell schälen oder/und in Stücke schneiden. Ich nehme meist eine Mischung aus frühreifem und fast ausgereiftem Obst, so erhalte ich eine optimale fruchtige und süße Mischung. Meine Frau meint allerdings, dass diese Mischung nur meiner optimierenden Faulheit zugutekommt und ich mir lediglich ersparen will, den Obstbaum mehr als zweimal zu erklettern, ganz zu schweigen davon, zweimal dieselbe Marmelade kochen zu müssen.

Sie können das Obst bereits am Abend vorher „marinieren" und mit Zucker (ca. 30 bis maximal 50 % der Rezeptmenge), Zitronensaft etc. vermischen und zugedeckt über Nacht stehen lassen. Mit dieser Methode holen Sie den vollen grandiosen Geschmack und die fantastische Farbe aus dem Obst.

Den restlichen Zucker oder Gelierzucker oder eine ähnliche Gelierhilfe erst kurz vor dem Aufkochen untermischen. Das Aufkochen sollte nicht länger als maximal 3–5 Minuten dauern, dann gleich die Gelierprobe machen. In sterile Gläser abfüllen, verschließen und pasteurisieren.

TIPP: GELIERPROBE

Nehmen Sie einen kleinen Löffel heiße Marmelade, lassen Sie einen Tropfen davon auf einen kalten Teller tropfen. Wird die Marmelade sofort fest und zieht sich zusammen, dann ist sie perfekt. Wenn sie noch auf dem Teller hin und her läuft, dann noch ein wenig kochen lassen!

Als kleine Idee am Rande: Eine eher dünnflüssige Marmelade eignet sich hervorragend zum Untermischen in Müslis und Joghurts!

Achtung: Wenn Sie gekauften Gelierzucker verwenden und die Gläser einkochen, bitte die Marmelade bereits etwa nach 2 Minuten Kochzeit in die Gläser abfüllen, noch bevor sie geliert.

TIPPS: FÜR GUTES GELINGEN

Tiefgefrorene oder bereits pürierte Früchte können ebenfalls zu Marmelade verarbeitet werden, diese dürfen aber nicht über Nacht stehen bleiben. Die Kochdauer der Marmeladen mit Gelierzucker ist unglaublich wichtig! Diese sollte nie mehr als 3–4 Minuten betragen.

Sollten die Obststücke nach 2 Minuten kochen noch zu groß sein, mit dem Stabmixer pürieren.

Zu flüssige Marmelade: Diese können Sie nochmals aufkochen und zusätzliches Geliermittel untermischen, aber bedenken Sie, dass eine zu lange Kochzeit den Geschmack verringert.

Der Zuckeranteil sollte nicht unter 40 % liegen, je mehr Zucker Sie verwenden, umso weniger haben die Hefebakterien, also Schimmel, Gelegenheit sich zu vermehren.

FRUCHTGELEE SELBST GEMACHT

Für farbenfrohes Fruchtgelee sollten Sie sehr reife Früchte verwenden, damit sich dieser turbogeladene Geschmack mit den lebendigen Farben auch im Gelee wiederfindet! Fruchtgelee ist eigentlich keine Marmelade, vielmehr der wunderbare Fruchtsaft mit Pektin eingedickt. Hier können Sie Ihrer Kreativität freien Lauf lassen, von ganzen Kräutern bis hin zu essbaren Blumen im Gelee ist alles möglich. Solche Gelees sind wirklich ideal als Mitbringsel oder kleine Geschenke! Hier, aber wirklich nur hierbei, ist es sinnvoll, die Gläser auf den Kopf zu stellen, um diese Zugaben möglichst in der Glasmitte zu positionieren.

Fruchtgelee kochen Schritt für Schritt

Früchte in wirklicher 1-A-Qualität waschen, Stiele und Gehäuse, Kerne und natürlich großzügig schadhafte Stellen entfernen. So viel Wasser in einen Topf geben, dass die Früchte gerade bedeckt sind. Zugedeckt weich kochen. Die Fruchtmasse durch ein sehr feines Sieb streichen und den Saft auffangen. Bei einigen Fruchtarten ist es trotzdem möglich, dass weitere kleine Fruchtteile im Saft schwimmen. Da dies nicht schön ist, können Sie zusätzlich den Saft durch ein Leinentuch oder ein Passiertuch abseihen.

Den klaren Saft jetzt mit Geliermittel, Gelierzucker und Zitronensäure noch einmal kurz aufkochen und in Gläser abfüllen. (Gelierprobe nicht vergessen!)

Sie können aber auch das heiße Fruchtgelee mit ein wenig mehr Geliermittel vermischen und dann in kleine gezuckerte Eiswürfelformen füllen. (Die Form vorher mit einem Transfett besprühen und dann erst den Kristallzucker einstreuen!) Das ergibt herrliche Geleebonbons, die auch als Geschenk ein echter Renner sind!

WICHTIG: GELEE IST HITZEEMPFINDLICH

Beim Geleekochen müssen Sie mit der Hitze vorsichtig sein, denn Gelee ist hitzeempfindlich. Sollte einmal etwas schiefgehen und es ist zu flüssig, ist es durch die Zugabe von Pektin möglich, die Konsistenz wieder zu verbessern.

ERSTE HILFE BEI EINKOCHPROBLEMEN

Die Marmelade ist zu dick

Ist die Marmelade zu dick, wurde sie zu lange gekocht oder der Zuckeranteil ist zu hoch. Abhilfe: Saft oder Wasser zufügen – 100 ml pro kg Marmelade sollte ausreichend sein –, nochmals kurz aufkochen, eine weitere Gelierprobe machen und abfüllen.

Die Marmelade ist zu dünn/flüssig

Ist die Marmelade zu flüssig, wurde sie nicht lange genug gekocht oder der Zuckeranteil ist zu niedrig. Das kann auch bei fertigen Gelierzuckerpackungen passieren, dann wurde zu lange gekocht!

Abhilfe: Zucker und Zitronensäure zufügen, noch einmal kurz aufkochen, noch einmal die Gelierprobe machen und abfüllen.

Wurden sehr süße Beeren verwendet, fügen Sie den Saft einer halben Zitrone oder ca. 10 g Zitronensäure hinzu und kochen das Ganze noch einmal kurz auf. Wenn Ihre Marmelade hingegen aus eher sauren Früchten besteht, fügen Sie 50–100 ml Apfelsaft dazu, dann nochmals kurz aufkochen. Gelierprobe nicht vergessen und abfüllen.

Das Gelee ist zu trüb

Ist das Gelee trüb statt durchsichtig, wurde beim Entsaften der Früchte zu stark gepresst und/oder ist in den Fruchtsaft auch etwas Fruchtfleisch geraten.
Leider gibt es dafür keine Lösung, aber das ist nur ein optischer Fehler – der Geschmack und die Haltbarkeit bleiben bestehen!

BANANENMARMELADE MIT *Pfiff*

Eine exotisch anmutende Marmelade: die Süße der Banane mit dem Beigeschmack der Ananas. Das perfekte Mitbringsel bei Einladungen, wenn die Freunde selber einen Garten haben und man doch etwas Selbstgemachtes mitbringen will.

Für uns zu Hause verfeinern wir dieses Basisrezept noch mit Kokosnusssaft, und wir lieben diese „Cocktailaufstrich" -ähnliche Marmelade.

ZUTATEN FÜR 6 GLÄSER À 190 ML

1,5 kg geschälte, sehr reife Bananen • 500 g Gelierzucker 1 : 2 • 300 ml Ananassaft
1 EL Zitronensäure

1. Die Bananen in Stücke schneiden.
2. Mit der Hälfte des Gelierzuckers vermischen und dann gemeinsam mit dem Ananassaft langsam in einem Topf erwärmen.
3. Aufkochen, mit der Zitronensäure abschmecken und den restlichen Gelierzucker hinzufügen.
4. 3–4 Minuten kochen lassen und in die vorbereiteten Gläser füllen.

TIPP: Etwas Kokosnussmilch dazugeben und Sie werden glauben, direkt unter den karibischen Palmen zu sitzen.

BIRNEN-KIWI-LIMETTEN-*Marmelade*

Eine sehr fruchtige, süß-bittere Marmelade für alle, die das Besondere suchen. Besonders wenn der Frühling nicht und nicht kommen will, gilt diese Marmelade als der Frühlingsbote schlechthin!

ZUTATEN FÜR 6 GLÄSER À 290 ML

0,5 kg Kiwi • 2 Bio-Limetten • 1,5 kg Birnen • 2 kg Gelierzucker 1 : 1
1 Packung Vanillezucker

1. Die halbe Kiwi schälen und klein schneiden bzw. durch ein Sieb passieren. Die Schale der Bio-Limetten fein herunterhobeln und danach die Limetten auspressen.
2. Die Birnen schälen, entkernen und klein schneiden, mit der Kiwi gemeinsam mit dem Gelierzucker vermengen und erhitzen.
3. Den Limettensaft, die fein gehobelte Limettenschale sowie den Vanillezucker hinzufügen und alles kurz aufkochen.
4. Die Gelierprobe machen, die Marmelade in die vorbereiteten Gläser füllen und verschließen.
5. Bei 75 °C 20 Minuten einkochen.

TIPP: Verwenden Sie statt Birnen gerne auch Äpfel, dann aber mit 25 ml Calvados statt dem Limettensaft!

Chilimarmelade

Für Liebhaber der schärferen Aufstriche; passt ebenso gut zu Käse und Fleisch wie auf ein einfaches Brot. Ich persönlich mag es gerne scharf, aber meine bessere Hälfte nur ganz leicht, daher hier die leichte Version mit Ananas.

Natürlich können Sie auch das Verhältnis zwischen Saft und Chili verändern, aber Vorsicht beim Kosten ...

ZUTATEN FÜR 6 GLÄSER À 160 ML

300 g Zitronen • 500 g Chilis (sortenrein, damit die Schärfe bestimmt werden kann)
300 g gestückelte Ananas oder 1 Dose (400 ml) Ananasstücke, abgetropft
750 ml Ananassaft • 500 g Gelierzucker 1 : 3

1 Die Zitronen schälen und vierteln, die Chilis halbieren, wer es nicht ganz so scharf mag, der sollte Gehäuse und Kerne entfernen sowie die grünen Enden wegschneiden.

2 Ananasstücke, Zitronenstücke sowie Ananassaft in einem Topf erwärmen, die Chilis dazugeben und 5 Minuten köcheln lassen. Anschließend die Masse durch ein Sieb streichen oder mit einer Flotten Lotte (Passiergerät) in einen anderen Topf passieren. Den Gelierzucker unterrühren und 3 Minuten köcheln lassen.

3 In die vorbereiteten Gläser füllen und sofort verschließen.

4 Bei 90 °C 45 Minuten einkochen.

VORSICHT: Wir empfehlen Ihnen unbedingt Einweghandschuhe zu verwenden, achten Sie darauf, sich nicht unabsichtlich im Gesicht zu berühren!

ERDBEERMARMELADE MIT *Pfiff*

Diese Marmelade schmeckt besonders nach dem sonnigen Sommer, die Kombination von Erdbeeren mit süßen Orangen bringt Ihnen auch im Winter die süßen Erinnerungen des letzten Sommers direkt in die Küche!

ZUTATEN FÜR 6 GLÄSER À 290 ML

1,5 kg Erdbeeren, vorbereitet und geputzt
50 g getrocknete Orangen- oder Mandarinenschalen, feinst geschnitten
1 kg Gelierzucker 1 : 2 oder 500 g Gelierzucker 1 : 3
10 ml Zitronensaft bzw. 1 TL Zitronensäure in Pulverform
100 ml Orangensaft

1. Die Erdbeeren mit den getrockneten Orangen- oder Mandarinenschalen, einem Teil des Zuckers und etwas Zitronensaft am besten am Vorabend vermischen und kühl stellen.
2. Die Erdbeeren aufkochen, dabei ständig rühren, um ein Anbrennen zu vermeiden, den restlichen Zucker und den Orangensaft untermischen, kurz aufkochen (maximal 3 Minuten!), die Gelierprobe machen und die Marmelade in vorbereitete Gläser abfüllen.
3. Bei 75 °C 20 Minuten einkochen.

TIPP: Wer mag, kann die Marmelade mit ein wenig gemahlenem Pfeffer „aufpeppen".

KAROTTEN-MINZE-VANILLE-*Marmelade*

Eine der Marmeladen, die meine Frau gerne als Mitbringsel ihren Freundinnen schenkt. Die leuchtende Farbe und der liebliche Geschmack überzeugen so sehr, dass die Gastgeber immer einen Nachschlag oder das Rezept haben wollen.

Ein weiterer Pluspunkt ist, dass Sie diese Marmelade das ganze Jahr ohne Probleme zubereiten können!

ZUTATEN FÜR 6 GLÄSER À 290 ML

1 kg Karotten (Möhren) • 1 kg Gelierzucker 1 : 1 • 2 Vanilleschoten • 1 Limette
25 g Minze (getrocknet)

1. Die Karotten waschen, schälen, raffeln oder raspeln, mit der Hälfte des Zuckers vermischen und eventuell über Nacht kühl stehen lassen.
2. Die Karotten aufkochen, den restlichen Zucker und das Mark der Vanilleschoten dazugeben, den Saft der Limette untermischen, die Minzblätter fein hacken, ebenfalls untermischen und mit dem Stabmixer pürieren.
3. Die Marmelade kurz aufkochen und in die bereitstehenden vorbereiteten Gläser füllen.
4. Bei 75 °C 20 Minuten pasteurisieren.

MARILLEN-(APRIKOSEN-) KRIECHERL-*Marmelade*

Einige werden sich jetzt fragen, was Kriecherln (oder auch Kriechen, Mirabellen) sind. Kriecherln sind eine sehr alte Sorte aus der Pflaumengruppe. Die Früchte sind sehr klein, ca. 2–5 cm im Durchmesser, gepflückt werden sie, wenn sie eine satte gelbe Farbe haben. Einige Sorten werden auch in der späten Reife rot, dann haben Sie aber schon eine große Anzahl von Früchten am Boden.

Für mich ist diese Marmelade der pure Genuss und der absolute Aromakick für Biskuitrouladen. Ich verwende immer ein Mischverhältnis von 60 : 40 (Rosenmarillen : Kriecherln).

Das Entsteinen der Früchte ist bei den Kriecherln eine unlustige Arbeit, aber glauben Sie mir, diese Marmelade vereint die unglaubliche fruchtige Süße der Marille mit dem fantastischen leichten Sauergeschmack in einer Geschmacksexplosion am Striezel oder in der Biskuitroulade!

ZUTATEN FÜR 6 GLÄSER À 290 ML

800 g Marillen (Aprikosen) • 700 g Kriecherln (Mirabellen) oder auch gelbe Ringlotten
500 g Gelierzucker 3 : 1

1. Die Marillen und Kriecherln mit der Hälfte des Gelierzuckers vermischen und über Nacht kühl stellen.
2. Die Früchte aufkochen, wenn die Früchtemasse weich ist, mit dem Stabmixer durchpürieren und dann den Rest des Gelierzuckers dazugeben.
3. Kurz aufkochen und in die bereitstehenden vorbereiteten Gläser abfüllen.
4. Pasteurisieren (bei 75 °C für 20 Minuten) und hoffen, dass zumindest einige der Gläser noch den Winter erleben werden.

REX

SALZZITRONEN-*Marmelade*

ZUTATEN FÜR 12 GLÄSER À 160 ML

1 kg Salzzitronen, in Lake • 6 Bio-Zitronen • 500 g Gelierzucker 3 : 1

1 Die Salzzitronen gut abtropfen lassen, dann sehr fein schneiden. Die Bio-Zitronen mit einem Messer so schälen, dass auch die weiße Unterschale vollkommen entfernt wird, und in feine Stücke schneiden.

2 Salzzitronen und Bio-Zitronen in einem Topf mit dem Gelierzucker mischen. Bei milder Hitze langsam unter Rühren aufkochen. (Vorsicht vor zu viel Hitze – Anbrenngefahr!)

3 Dann 3 Minuten sprudelnd kochen lassen. Die Gelierprobe machen und in die vorbereiteten Gläser füllen. Bei 75 °C 25 Minuten einkochen.

ZUTATEN FÜR 1 KG SALZZITRONEN

1 kg unbehandelte Bio-Zitronen, dünnschalig (am besten eignen sich Meyer-Zitronen)
250 g grobkörniges Meersalz • 20 Lorbeerblätter
100 ml Zitronensaft oder 100 ml Zitronen-Olivenöl

1 Die Zitronen waschen und trocken tupfen. Mit einem scharfen Küchenmesser seitlich längs alle 0,5 cm ca. 1 cm tief einschneiden. Für Anfänger eignet sich auch ein Kreuzschnitt: Zitrone wie beim Vierteln bis knapp über die Hälfte aufschneiden.

2 Die Einschnitte durch Druck auf die Zitrone etwas öffnen und mit dem grobkörnigen Meersalz füllen.

3 Zitronen und Lorbeerblätter in die vorbereiteten Gläser geben und mit kochendem Wasser übergießen. Bitte unbedingt etwas Platz lassen – siehe nächster Schritt. Zusätzlich kann man in den einzelnen Gläsern variieren und verschiedene Gewürzmischungen ausprobieren – etwa Chili oder Thymian, Oregano, Zitronenmelisse usw.

4 Ein wenig abkühlen lassen, dann die Lorbeerblätter und den Zitronensaft oder das Olivenöl hinzufügen und verschließen. (Die Zitronen müssen vollkommen bedeckt sein!)

5 Die Zitronen mindestens 4–6 Wochen an einem eher dunklen und kühlen Ort ruhen lassen.

TIPP: Der Unterschied zwischen Zitronensaft und Olivenöl hängt mit der weiteren Verarbeitung zusammen: Mit Zitronensaft eingelegte Salzzitronen verwende ich für Marmelade, mit Olivenöl eingelegte Salzzitronen für Fisch- und Pastagerichte!

Diese Marmelade erinnert mich an die Sommermonate in Italien. Zum Frühstück, bevor es an den Strand ging, musste einer der Familie zum Bäcker laufen, um frische Brötchen zu holen (wenn ich so zurückdenke, war das immer ich, meine Mutter behauptet, dass alle gehen mussten …). Dann wurde diese Marmelade sehr fein (immer zu wenig) auf die noch warmen Brötchen gestrichen – ich sage Ihnen: ein Traum! Was nicht aufgegessen wurde, kam mit zum Strand und spätestens am Vormittag war dann alles weg.

Winterliche BRATAPFELMARMELADE

Wenn Sie auch im Winter auf Plundergebäck oder einen winterlichen Apfelstreuselkuchen genauso vernarrt sind wie ich, darf diese Marmelade in Ihrer Vorratskammer nicht fehlen: herrlich süß, mit ein wenig Säure und dem leichten Zimtgenuss. Ich esse diesen Apfelstreuselkuchen, für den statt der Apfelstücke diese Marmelade verwendet wird, übrigens auch gerne im Sommer.

ZUTATEN FÜR 6 GLÄSER À 160 ML

1 kg leicht säuerliche Äpfel • 1 kg Gelierzucker 1 : 1 • 250 ml Apfelsaft • 10 g Zimt
eventuell Saft von 1 Bio-Zitrone

1. Die Äpfel schälen, das Gehäuse mit den Kernen entfernen, die Äpfel vierteln und mit der Hälfte des Gelierzuckers wie auch dem Apfelsaft in einem Topf erhitzen, immer wieder umrühren.
2. Wenn die Äpfel weich sind, den restlichen Gelierzucker untermischen und eventuell mit dem Stabmixer pürieren, sollten noch härtere Stückchen vorkommen. Zimt dazugeben, wenn die Marmelade zu süß ist, mit etwas Zitronensaft verrühren.
3. Die Gelierprobe machen, die Marmelade in die vorbereiteten Gläser abfüllen und verschließen.
4. Bei 90 °C 30 Minuten einkochen.

TIPP: Wenn Sie Vanille gerne mögen und schwarze Punkte Sie nicht stören, können Sie Bourbon-Vanille statt Zimt hinzufügen und eine geniale Alternative schaffen.

KARTOFFELMARMELADE MIT *Apfelsaft* (VEGAN)

Marmelade aus Kartoffeln? Für viele hört sich das komisch an, dennoch, in Verbindung mit dem Apfelsaft ist diese Marmelade unheimlich lecker; wenn Sie einen leicht säuerlichen Apfelsaft verwenden, bekommt die Marmelade einen sehr eleganten „Touch"!

ZUTATEN FÜR 6 GLÄSER À 290 ML

1,5 kg Bio-Kartoffeln, mehlig • 500 g Gelierzucker 1 : 3
500 ml Bio-Apfelsaft, naturtrüb

1. Die Kartoffeln waschen und ca. 30 Minuten kochen, dann schälen und durch eine Kartoffelpresse drücken.
2. Mit der Hälfte des Gelierzuckers vermischen, dann langsam in einem Topf erwärmen, mit dem Apfelsaft aufkochen und den restlichen Gelierzucker hinzufügen.
3. 3–4 Minuten kochen lassen und in die vorbereiteten Gläser füllen.
4. Bei 90 °C 60 Minuten einkochen.

TIPP: Eine Mischung aus Apfelsaft und Rote-Rüben-Saft (Rote-Bete-Saft) gibt der Marmelade eine Portion Farbe und geschmacklich einen Extrakick. Wer die Marmelade süßer möchte, verwendet 1 kg Gelierzucker 1 : 1 und 500 g Normalzucker!

NATURTRÜB

Zwetschkenröster

Wir haben einen alten Zwetschkenbaum im Garten, der aber nicht mehr jedes Jahr Früchte trägt. Letztes Jahr war es wieder mal so weit, Unmengen dieser tollen Frucht waren auf diesem Baum, herrlich süß-sauer und besonders geeignet für ein Kompott oder einen Röster.

ZUTATEN FÜR 6 GLÄSER À 580 ML

2 kg Zwetschken (Zwetschgen), noch nicht vollreif • 1 kg Kristallzucker
500 g Gelierzucker 1 : 2 • Saft von 1 Zitrone • 1 Vanilleschote, aufgeschnitten
2 Stück Sternanis/Nelken • 1 Zimtstange

1. Die Zwetschken sehr gut waschen, halbieren und entkernen, dabei kontrollieren und eventuell schadhafte Stellen ausschneiden, mit der Hälfte des Kristallzuckers in einem Topf vermischen und über Nacht kühl (am besten im Kühlschrank) stehen lassen.
2. Den Topf vorsichtig erhitzen (Vorsicht: Bei zu viel Hitze ist die Gefahr des Anbrennens sehr groß!), den restlichen Kristallzucker sowie den Gelierzucker und den Zitronensaft dazugeben.
3. Die Gewürze (Vanilleschote, Nelken, Zimtstange) in einen Teefilterbeutel geben, diesen verschließen und mitkochen.
4. 4–5 Minuten kochen lassen, sofort in die vorbereiteten Gläser füllen und sofort verschließen.
5. Bei 90 °C 45 Minuten einkochen.

TIPP: Amaretto oder ein guter Zwetschkenschnaps macht dieses Kompott „Erwachsenen-gerecht", aber bitte nur, wenn Sie einen Glasdeckel verwenden!

Powidl

(TRADITIONELLES BÖHMISCHES ZWETSCHKENMUS)

Traditioneller Powidl ist weder eine Marmelade noch ein Röster und doch finden Sie dieses eingedickte gekochte Zwetschkenmus in vielen alten Rezepten der böhmischen, polnischen und damit auch der österreichischen Küche.

Dabei ist Powidl sehr leicht herzustellen, in einem guten Zwetschkenjahr machen wir besonders viel Powidl, da ich Powidltascherl über alles liebe und Reserven anlegen muss.

Das Besondere an der traditionellen Variante ist, dass überhaupt kein Zucker verwendet wird!

ZUTATEN FÜR 6 GLÄSER À 290 ML

5 kg besonders reife Zwetschken

1. Die Zwetschken gut waschen, halbieren und entkernen, dabei kontrollieren und eventuell schadhafte Stellen ausschneiden.
2. Die Zwetschken in einem Topf langsam mäßig erhitzen und mit viel Umrühren über mehrere Stunden erhitzen. (Bei mir dauert dieser Vorgang selten unter 4 Stunden.)
3. Wenn die Masse richtig eingedickt ist, in die vorbereiteten Gläser füllen und sofort verschließen.
4. Bei 90 °C 45 Minuten einkochen.

TIPPS: Kurz vor dem Abfüllen noch ein wenig Rum und Zimt dazugeben!

In der Emilia Romagna (Italien) wird nach der gleichen Methode aus roten Trauben ein Mus hergestellt, das für Nachspeisen verwendet wird.

Gedörrte Zwetschken

(GETROCKNETE ZWETSCHGEN/PFLAUMEN)

Das ist der ideale Naschersatz vor dem Fernseher, wenn nur Obst erlaubt ist. Dieses Rezept funktioniert genauso gut mit Marillen (Aprikosen), Äpfeln, Ananas usw.

Bessere Ergebnisse werden erzielt und wesentlich schneller geht das Ganze mit einer Obstdörre, diese ist aber kein Muss, siehe unten.

ZUTATEN FÜR 2 GLÄSER À 290 ML
750 g Zwetschken (Zwetschgen/Pflaumen)

1. Die Zwetschken halbieren und entkernen, die Hälften mit den Schnittflächen nach oben auf den Gitterrost (nicht auf ein Backblech) legen.
2. Im Backofen nun bei 120 °C ca. 3 Stunden erhitzen und dörren – wer eine Dörre hat, kann diese gerne verwenden und erspart sich diesen Schritt. (Bitte legen Sie unter das Gitter ein mit wenig Wasser gefülltes Backblech, so ersparen Sie sich Putzarbeiten).
3. Die Zwetschken im Backofen wenden und weitere 60 Minuten trocknen lassen.
4. Die nun fast trockenen Zwetschken in die vorbereiteten Gläser füllen und bei 75 °C 60 Minuten einkochen.

WECK

Marillen-
(APRIKOSEN-)RÖSTER

Die für mich schönste Art Marillen zu verarbeiten, vor allem wenn ich diese unglaublichen Wachauer Marillen verwenden kann, mit ihrer fruchtigen, milden Säure und der herrlichen Süße! So schmeckt für mich der Sommer!

Im Sommer koche ich von diesem Röster Unmengen ein, ab Weihnachten sind aber bereits meist alle Gläser aufgegessen. Sensationell für alle Süßspeisen als Beilage, wie auch als Beigabe zu einem Naturjoghurt!

ZUTATEN FÜR 6 GLÄSER À 290 ML

2 kg Marillen (Aprikosen) • 1 kg Gelierzucker 1 : 2 • Saft von 1 Limette

1. Die Marillen waschen, halbieren und entkernen, dabei kontrollieren und eventuell schadhafte Stellen ausschneiden, mit der Hälfte des Zuckers vermischen und kühl einige Stunden, am besten über Nacht, stehen lassen.
2. Die Marillen in einem Topf mäßig erhitzen (Vorsicht: Bei zu viel Hitze ist die Gefahr des Anbrennens sehr groß!), den restlichen Zucker und den Limettensaft dazugeben und eindicken lassen.
3. In die vorbereiteten Gläser füllen und sofort verschließen.
4. Bei 90 °C 45 Minuten einkochen.

TIPPS: Verwenden Sie auch Gewürze wie Zimt oder Vanille (in einem verschlossenen Teefiltersack) oder schmecken Sie gerne auch mit einem ordentlichen Schuss Jamaikarum (100 ml) ab!

Dieses Rezept eignet sich auch für Kirschen, Weichseln oder Zwetschken.

Marillretto

MARILLEN- (APRIKOSEN-) MARMELADE MIT AMARETTO

Amaretto ist ursprünglich ein aus Bittermandel- oder Aprikosenkernen hergestellter Likör. In dieser Marmeladenkomposition entfaltet sich der italienische Frühsommer am Gaumen, diese süße, leicht bittere Geschmacksnote schreit richtig nach einem kurzen Espresso oder vielleicht doch nach einem „Espresso coretto" (mit einem Schuss Grappa) als zweites Frühstück oder bei der Nachmittagspause.

Auf jeden Fall ein herrliches Mitbringsel, daher haben wir hier auch die kleineren Gläservarianten gewählt. Auch im Teegebäck oder in Faschingskrapfen (in Deutschland auch Berliner genannt) wird diese Komposition Sie nicht enttäuschen. Als Fülle in Nachspeisen wie Palatschinken (Pfannkuchen) sorgt sie für einen sicheren grandiosen Abschluss!

ZUTATEN FÜR 12 GLÄSER À 160 ML

1,5 kg Marillen (Aprikosen), entsteint, geputzt, geviertelt
500 g Gelierzucker 1 : 3 oder 1 kg Gelierzucker 1 : 2
30 ml Zitronensaft oder 1,5 TL Zitronenpulver • 150 ml Amaretto
20 ml Rum, 80 Vol.-%

1. Die Marillen mit der Hälfte des Gelierzuckers und der Hälfte des Zitronensafts vermischen und falls möglich über Nacht kühl stehen lassen.
2. Die Marillen mit dem restlichen Zucker vermischen und erhitzen, Amaretto, Rum und den restlichen Zitronensaft untermischen, wer mag, kann jetzt mit dem Stabmixer die fast fertige Marmelade pürieren.
3. Kurz aufkochen, maximal 3–4 Minuten, die Gelierprobe machen und in die vorbereiteten Gläser füllen.
4. Die Marmelade bei 75 °C 20 Minuten einkochen.

TIPP: Wählen Sie als Marillensorte etwa Rosenmarillen oder noch besser die weltberühmten Wachauer Marillen!

Quittengelee AUF ITALIENISCHE ART

Eine Triester Spezialität und wahre Gaumenfreude aus der berühmten Hafenstadt, die früher Teil der Habsburger Kronländer war und somit ein Teil des REX-Landes, zu dem übrigens auch England und Frankreich gehörten.

Das Gelee schmeckt ganz leicht bitter, säuerlich und doch süß, für mich eine wunderschöne Begleitung zu Käse und gebratenem Schweinefleisch.

ZUTATEN FÜR 6 GLÄSER À 160 ML

1,5 kg Quitten, gut gewaschen • 3 Bio-Zitronen • 2 kg Gelierzucker 1 : 1 • 0,5 TL Zimt

1. Die Quitten in reichlich Wasser ca. 30 Minuten weich kochen, das Wasser abgießen, die Quitten schälen und vierteln.
2. Die Quitten durch eine Flotte Lotte (Passiergerät, kleinste Lochung) passieren oder durch ein sehr feines Sieb in einen Topf streichen, diese Masse mit dem Saft der Zitronen und dem Gelierzucker vermengen, erhitzen und den Zimt unterrühren.
3. Kurz aufkochen lassen, eine Gelierprobe machen und das Gelee in die vorbereiteten Gläser füllen.
4. Das Gelee bei 75 °C 20 Minuten einkochen.

REX
WECK

Apfel-BIRNEN-KOMPOTT

Diese Art von Kompott lässt sich beliebig mit fast allen festkochenden Früchten erzeugen, also keine Scheu vor Birnen, Marillen (Aprikosen), Pfirsichen, Zwetschken usw.! Die Früchte aus dem Kompott passen immer gut zu Kaiserschmarren oder einer kalten Grießspeise.

Ich mache auch gerne sortenreine Kompotte, also saure Apfelsorten oder eben süße – je nach Gericht (meist Nachspeisen) verwende ich dann die „richtige" Sorte für den berühmten Extrakick!

ZUTATEN FÜR 6 GLÄSER À 580 ML

1,5 kg Zucker • 4 l Wasser • 2 Vanilleschoten • 1 Zimtstange
1,5 kg Äpfel und Birnen (Mengenverhältnis beliebig)
150 ml Zitronensaft (2–3 Zitronen)

1. In einem großen Topf die Hälfte des Zuckers leicht erwärmen (karamellisieren), mit dem Wasser aufgießen.
2. Den restlichen Zucker, die Vanilleschoten und die Zimtstangen hinzufügen und ca. 10 Minuten kochen lassen.
3. Die Äpfel und Birnen schälen, vierteln und das Kerngehäuse entfernen. (Wem die geviertelten Äpfel zu groß sind, der kann natürlich auch schmälere Stücke schneiden.)
4. Mit einem Schäumer (Lochschöpfer/Schaumlöffel) die Gewürze aus dem Zuckerwasser holen und den Zitronensaft und die Apfel- und Birnenspalten hinzufügen.
5. 4–5 Minuten kochen lassen, die Äpfel und Birnen sollen gekocht, aber nicht weich sein, sonst zerfallen sie beim Einkochen.
6. Die Apfel- und Birnenspalten in die vorbereiteten Gläser schlichten, mit dem Zuckerwasser auffüllen und verschließen.
7. Bei 90 °C 25 Minuten einkochen.

Liebe Leserin, lieber Leser,

herzlichen Dank für Ihr Interesse an unseren Büchern! Der Leopold Stocker Verlag ist ein unabhängiges Familienunternehmen, deshalb ist uns der Kontakt mit unseren Kunden besonders wichtig. Wir senden Ihnen in Zukunft gerne Informationen über unsere Neuerscheinungen zu und bitten Sie, uns Ihre Fragen, Wünsche und Anregungen mitzuteilen!

Mit herzlichen Grüßen

Mag. Wolfgang Dvorak-Stöcker

Diese Karte entnahm ich dem Buch: ______________________________

Fragen/Anregungen/Kommentare und Kritik zu diesem Buch oder unserem Programm:

____

____

____

Leopold Stocker Verlag GmbH, Hofgasse 5, 8010 Graz, Österreich
Tel.: +43/316/82 16 36, Fax: +43/316/83 56 12, E-Mail: stocker-verlag@stocker-verlag.com

Name ____________________

Straße ____________________

PLZ ____________ Ort ____________________

Telefon ____________________

E-Mail ____________________

☐ (Pflichtfeld) Ich bestätige, dass ich das 16. Lebensjahr vollendet habe und erteile meine ausdrückliche Zustimmung, dass die von mir oben angegeben Daten durch die Leopold Stocker Verlag GmbH zum Zweck der Vertragserfüllung und Leistungserbringung verarbeitet und an Auftragsverarbeiter weitergegeben werden, UND dass

☐ die angegeben Daten durch die Leopold Stocker Verlag GmbH zum Zweck des Newsletterversands verarbeitet, an Auftragsverarbeiter weitergegeben werden und ich werbliche Informationen und Angebote via Post, E-Mail, Telefon erhalte.

Ich kann meine Zustimmung jederzeit widerrufen. Dafür wende ich mich an die Leopold Stocker Verlag GmbH (Hofgasse 5, A-8010 Graz; Tel: 0043316/821636; E-Mail: datenschutz@stocker-verlag.com). Alle Infos: www.stocker-verlag.com/datenschutz.

Datum ____________ Unterschrift ____________________

Bitte frankieren!

ANTWORTSENDUNG

Leopold Stocker Verlag

Postfach 438

Hofgasse 5

8011 Graz

REX

Kirschenkompott

Eines der Kompotte aus meiner Kindheit, damals ein echtes „Must-have" zu einem Vanilleeis, obwohl dort wesentlich mehr Kirschschnaps hinzugefügt worden ist, vielleicht ist das der Grund, warum sich dieses Kompott so eingeprägt hat.

Wenn Sie Ihr Rezept etwas säuerlicher wollen, verwenden Sie statt des Mostweins die gleiche Menge milden Essigs. Dazu können Sie dann natürlich auch Koriander, Senfkörner, Piment etc. hinzufügen. Dieses Kompott würde dann sehr gut zu Wildgerichten passen.

ZUTATEN FÜR 6 GLÄSER À 390 ML

1,5 kg Kirschen • 1 kg Zucker • 1,5 l Wasser • 500 ml Orangensaft • 1 Zimtstange
Schalen von 1 Bio-Zitrone/Bio-Orange • Saft von 1 Bio-Zitrone • 250 ml Mostwein

1 Die Kirschen entkernen, am besten mit einem Kirschentkerner. In einem großen Topf die Hälfte des Zuckers leicht erwärmen (karamellisieren), mit dem Wasser aufgießen.

2 Den restlichen Zucker, den Orangensaft sowie die Gewürze (die Zimtstange, die abgeriebenen Schalen, am besten in einem verschlossenen Teebeutel) hinzufügen und ca. 10 Minuten kochen lassen.

3 Den Teebeutel entfernen, die Kirschen und den Zitronensaft in das leicht wallende Zuckersaftwasser geben und 5 Minuten kochen lassen.

4 Den Mostwein hinzufügen und ca. 5 Minuten mitkochen.

5 Das Kompott in die vorbereiteten Gläser schlichten, mit dem Zuckersaftwasser auffüllen und verschließen.

6 Bei 90 °C 30 Minuten einkochen.

TIPPS: Kirschen und Weichseln zerkochen etwas mehr ohne Kerne, wenn Sie also ganze Kirschen servieren möchten, sollten Sie nicht entkernen!

Gerne kann man das Rezept auch noch bei Punkt 4 mit einem guten Amaretto und/ oder mit Rum (100 ml) aufpeppen!

Lavendelsirup

Lavendel: Das sind diese kleinen, zarten bläulich-violetten Blüten auf einem höheren, grasartigen Stiel. Eine blumige, liebliche Überraschung und mal etwas ganz anderes: Ob nur mit Wasser oder mit Sekt vermischt – Lavendelsirup schmeckt auch denen, die ansonsten Sirup verweigern. Dieser Sirup hat das gewisse Etwas, auch über ein Eis, den Kaiserschmarren oder ein Birnenkompott geträufelt ist er ein Gedicht.

ZUTATEN FÜR 4 FLASCHEN À 250 ML
100 g Lavendelblüten, frisch, oder 40 g Blüten, getrocknet
500 g Sirupzucker, weiß, oder normaler Zucker • 2 Bio-Zitronen • 1 l Wasser

1. Bei frischen Blüten befreit man die Blütenblätter von den Stielen.
2. Den Zucker und den Saft der Zitronen in das kochende Wasser rühren und 5 Minuten kochen lassen, abdrehen und die Blüten dazugeben. Ich reibe jetzt noch ungefähr 1 Esslöffel der Bio-Zitronenschalen dazu.
3. Bei frischen Blüten den Topf zugedeckt mindestens 12, besser 24 Stunden an einem kühlen, dunklen Ort rasten lassen, bei getrockneten Blüten reichen hier schon etwas mehr als 8 Stunden.
4. Durch ein Sieb abseihen, in die vorbereiteten Flaschen füllen und verschließen.
5. Bei 75 °C 60 Minuten einkochen.

TIPP: Eher sparsam dosieren, da er einen kräftigen Geschmack hat.

Holundersirup

Für schöne Sommertage! Dieser Sirup erfrischt mit Wasser verdünnt, schmeckt aber auch mit Sekt oder weißem Spritzer (Weißweinschorle) und ist als „Hugo" bekannt.

Ich genieße den Sirup mit einem leichten Mineralwasser ohne viel Eigengeschmack.

ZUTATEN FÜR 4 SAFTFLASCHEN À 500 ML

20 Holunderblüten • 2,5 l Wasser • 75 g Zitronensäure • 1 Zitrone, unbehandelt
1 Orange, unbehandelt • 1 kg Honig oder 2 kg Zucker

1. Die Holunderblüten gut ausschütteln und mit 2,5 l Wasser, Zitronensäure, in Scheiben geschnittenen Zitronen und Orangen mischen und mit einem Holzlöffel vorsichtig umrühren. Die Blüten sollten dann vollständig mit Wasser bedeckt sein.
2. Mit einem Geschirrtuch zudecken und 24 Stunden stehen lassen. Anschließend durch ein feines Sieb oder eventuell durch ein Leinentuch abseihen. Den Honig oder als Alternative den Zucker dazugeben und umrühren.
3. Den Hollersaft langsam zum Kochen bringen und etwas eindicken. Den heißen Saft anschließend mit einem Trichter in saubere Flaschen füllen und sofort verschließen. Nicht bis ganz oben anfüllen, sondern etwa 5 cm frei lassen.
4. Bei 75 °C 20 Minuten einkochen.

Traubensaft

In unserem Garten habe ich einen einzigen Weinstock, der aber so mächtig ist, dass er unsere Terrasse den ganzen Sommer über beschattet. Im September freue ich mich dann auf die vielen roten Trauben und versuche den Kampf gegen die Vögel zu gewinnen.

Natürlich essen wir die Trauben gerne, aber etwas Besonderes ist unser handgemachter Traubensaft. Besitzer einer Beerenpresse oder eines Entsafters sind jetzt im Vorteil – ich verwende die gute alte Flotte Lotte (Passiergerät).

ZUTATEN FÜR 2 FLASCHEN À 500 ML

5 kg Trauben • 1 kg Zucker • Saft von 1 Bio-Zitrone

1 Die Trauben gut waschen und in kleinere „Einheiten" zerteilen. Durch die Flotte Lotte den Saft pressen und mit dem Zucker und dem Saft der Bio-Zitrone kurz aufkochen (ca. 3 Minuten).

2 In vorbereitete Flaschen füllen und verschließen.

3 Bei 75 °C 60 Minuten einkochen.

WECK

Ribiselsaft (JOHANNISBEERSAFT)

Früher war das gefürchtete „Kinderarbeit", aber wenn Sie denken, dass die Kinder sich fürchteten – weit gefehlt. Unsere Mutter hat diese Zeit gefürchtet, weil selten die Shirts (die „Leiberl") und Hosen nachher noch zu verwenden waren. Wir liebten diese Früchte und ich bin mir heute noch sicher, dass wir mehr als die Hälfte der Früchte gegessen haben (selbst unser Hund hat mitgenascht ...)!

ZUTATEN FÜR 2 FLASCHEN À 500 ML

2 kg Ribisel (Johannisbeeren) • 1 l Wasser • 1 kg Zucker • Saft von 1 Bio-Zitrone

1 großes Leinentuch

1 Die Ribiseln gut waschen und entstielen. Gut abtropfen lassen, in einen Topf geben und mit einem Kartoffelstampfer zerquetschen oder die Früchte durch eine Flotte Lotte (Passiergerät) passieren. Das Wasser hinzugeben, zum Kochen bringen und ca. 20 Minuten köcheln lassen.

2 Den Fruchtbrei durch ein Leinentuch filtern. Den Saft mit dem Zucker bei starker Hitze einmal aufkochen und danach abschäumen.

3 Den Zitronensaft in den nicht mehr kochenden Saft einrühren. Den heißen Saft in die vorbereiteten Flaschen füllen und verschließen.

4 Bei 75 °C 60 Minuten einkochen.

Apfel-Rote-Rüben-
(ROTE-BETE-)SAFT

Ein gesunder Saft, der auch noch echt gut schmeckt, allerdings benötigen Sie für dieses Rezept einen Entsafter oder eine kleine Obstpresse, damit Sie zu einem guten Ergebnis kommen.

Probieren Sie diesen Saft zusammen mit Kokosnussmilch, ich hätte nie gedacht, dass diese Kombination so lecker ist.

ZUTATEN FÜR 2 FLASCHEN À 500 ML

1 kg Äpfel (z. B. Boskoop) • 500 g Rote Rüben (Rote Bete) • 1 kg Zucker
Saft von 1 Bio-Zitrone

1. Die Äpfel vierteln, sodass sie im Entsafter Platz haben. Ebenso die Roten Rüben – bitte mit Handschuhen arbeiten, es gibt sonst tagelang rote Flecken ... Äpfel und Rüben entsaften.
2. Den aufgefangenen Saft mit dem Zucker und dem Saft der Bio-Zitrone kurz aufkochen.
3. In die vorbereiteten Flaschen füllen und verschließen.
4. Bei 75 °C 60 Minuten einkochen.

Gurkensaft

Das Muss für heiße Tage, schließlich erfrischt dieser Gurkensaft angenehm und ist auch als Basis für eine kalte Gurkensuppe ideal. Frisch „gepresst“ oder frisch aufgemacht – da duftet das ganze Haus nach frischen Gurken. Der Gurkensaft ist wassertreibend, zusätzlich wirkt er reinigend für Darm und Nieren!

ZUTATEN FÜR 2 SAFTFLASCHEN À 500 ML
3 kg Salatgurken, gut gewaschen • Dille, Kresse
2 EL Gurkenessig • Salz, Pfeffer

2 saubere große Leinentücher

1 Das Leinentuch über einen großen Topf ausbreiten, sodass die geraspelten Gurken dort hineinfallen können. Die Gurken raspeln, schon beim Raspeln läuft kostbarer Saft in den Topf, also mit Vorsicht raspeln.

2 Wenn das Leinentuch zur Hälfte voll ist, zusammendrehen, sodass eine Art große Presse entsteht und weiteren Saft aus den geraspelten Gurken herauspressen, bis diese fast trocken sind. Entweder mit dem zweiten Tuch weitermachen oder die geraspelte Gurke auf die Seite legen (sie eignet sich jetzt perfekt für ein gutes Tsatsiki!).

3 Die Kräuter waschen und in einen größeren Teebeutel geben, falls vorhanden, auch gerne in ein Kräutergefäß zum Mitkochen. Der Vorteil ist, dass der Geschmack in den Saft übergeht, aber wir es uns ersparen, den Saft durch ein Sieb zu filtern.

4 Den Gurkensaft erhitzen, eventuell mit wenig Wasser und dem Gurkenessig verdünnen, mit Salz und Pfeffer abschmecken, noch kochend heiß in die vorbereiteten Flaschen füllen und sofort verschließen.

5 Beim Einfüllen in die Flaschen (am besten mit einem Trichter) darauf achten, dass mindestens 5 cm frei bleiben (je nach Flaschenart – diese Angaben stehen auf der Flasche unten drauf).

6 Den Gurkensaft bei 75 °C 20 Minuten einkochen.

Weihnachts-punsch

Wenn's draußen kalt wird, ist dieser Punsch – mit frischem Tee vermischt – der „Seelenheiler" meiner Frau. Und auch bei allen ihren Freundinnen ist er sehr beliebt, mittlerweile veranstalten sie ganze Nachmittage (und lustige Abende), um gemeinsam dieses beliebte Weihnachtsgeschenk zuzubereiten.

Und zu Buchteln (mit Marmelade gefülltes Hefegebäck) oder anderem ist dieser Punsch echt klasse …

ZUTATEN FÜR 10 FLASCHEN À 250 ML

1 l Wasser • 4 Beutel Blutorangentee • 1 kg Zucker • 500 ml Weißwein
10 Zimtstangen • 2 EL Gewürznelken
1 l frisch gepresster Orangensaft (ca. 2 kg Orangen, gerne auch Blutorangen!)
2 Bio-Orangen, in Scheiben geschnitten • 250 ml Rum, 60 Vol.-%

1. Das Wasser mit den Teebeuteln aufkochen und den Zucker unterrühren, ca. 5 Minuten ziehen lassen.
2. Den Weißwein dazugeben – ab jetzt darf der Punsch nicht mehr kochen! Die Zimtstangen und Gewürznelken, den Orangensaft, die Orangenscheiben und den Rum hinzufügen und 1 Stunde ziehen lassen.
3. In die vorbereiteten Flaschen (am besten eignen sich TO-Flaschen, also Flaschen mit Twist Off Mündung) füllen und verschließen.
4. Bei 75 °C 40 Minuten einkochen.

TIPP: Nett sieht es aus, wenn sich in jeder Flasche eine Zimtstange sowie eine Orangenscheibe und einige Gewürznelken befinden. Gerne können Sie auch einen höherprozentigen Rum verwenden.

EINGELEGT UND EINGEKOCHT

DIE BASICS – EINGEKOCHTES GEMÜSE

Gemüse und Obst einzukochen ist nach dem Bereiten von Marmeladen und Kompotten ebenso eine sehr einfache Möglichkeit, die Vorratsschränke zu füllen und auch um längere Kochschritte einfach auf zwei Mal aufzuteilen.

Diese Basics helfen Ihnen, wenn Sie einmal spät nach Hause kommen und wenig Zeit bleibt, um Ihre Lieben zu verköstigen, oder auch wenn Sie eine Grippe erwischt haben. Einfach zwei oder drei eingekochte Gläser aufmachen und in wenigen Minuten ist eine köstliche Mahlzeit zubereitet. Das ist auch ein Vorteil der Einkochwelt.

Voraussetzung für das Gelingen aller Rezepte in diesem Abschnitt ist nach wie vor das saubere Arbeiten und das Verwenden gut vorbereiteter Gläser, wie schon beschrieben (Kapitel „Einkochen. Jetzt geht's los", S. 47).

Hier finden Sie vorab ein paar dieser Basisrezepte. Diese Rezepte gelingen auch in kleinen Mengen gut, der Vorgang ist immer der gleiche, egal ob Sie ein kleines, ein großes Glas oder 30 Gläser für den Einkochautomaten machen.

WICHTIG: SAUBERKEIT

Achten Sie generell nach dem Befüllen darauf, dass die Glasmündung sauber ist, im Zweifelsfall lieber einmal mehr mit einem nassen, sauberen Tuch oder besser einem Stück Küchenrolle nachwischen.

Die nachfolgenden Rezepte können Sie mit allen Hülsenfrüchten, Champignons, Kohlrabi, Blumenkohl (Karfiol), Brokkoli, Romanesco, Lauch (Porree), Möhren (Karotten), gelben Rüben usw. ebenso einkochen.

TIPPS: LAGERUNG

Eingelegtes braucht Zeit, um den Geschmack der Marinaden und Kräuter anzunehmen, lassen Sie daher Ihre frisch eingelegten Produkte einige Wochen (2–3 Wochen mindestens) an einem dunklen und küheln Ort ruhen und reifen.

Beachten Sie, dass Essig und Essigmarinaden den Obst- oder Gemüsegeschmack übertönen können, also hier besondere Vorsicht und eventuell etwas milder abschmecken, denn der Geschmack vestärkt sich bei der Lagerung.

Kartoffeln in Salzwasser einkochen Schritt für Schritt

- Kartoffeln schälen und eventuelle Augen bzw. dunkle Stellen ausstechen oder ausschneiden. Die Kartoffeln kann man jetzt in Stücke schneiden, muss dies aber nicht tun!
- Die Kartoffeln ca. 1 Stunde in kaltes Wasser legen, dies hat aber nur den Sinn einer schöneren Optik nach dem Einkochen, denn durch diese Vorbereitung der Kartoffeln wird das Wasser im Glas nicht so trüb, der Geschmack bleibt aber erhalten.
- Kartoffeln roh in die vorbereiteten (sterilisierten) Gläser legen, mit kaltem Wasser auffüllen, natürlich ist es jetzt möglich, noch mit Salz zu würzen, die Gläser verschließen.
- Die verschlossenen Gläser 120 Minuten bei 120 °C einkochen. (Die Zeit fängt erst an zu laufen, wenn die Temperatur erreicht ist.)

TIPP: VERWENDUNG

Verwendung dieser Kartoffeln zum Beispiel als Bratkartoffeln. Kartoffeln aus dem Glas abseihen, in einer Pfanne Butter oder Öl erhitzen und die Kartoffeln dazugeben, in weniger als 2 Minuten haben Sie herrliche Bratkartoffeln, so schnell schaffen Sie das nicht einmal mit Tiefkühl-Pommes-frites.

Auch ein sehr schnelles Püree ist so möglich!

Eine Trübung des Einkochsuds ist bei nicht eingewässerten Kartoffeln möglich und KEIN Zeichen dafür, dass der Inhalt verdorben wäre!

Gemüse in Suppe einkochen Schritt für Schritt

Wenn Sie einmal zu viel eingekauft haben oder wirklich auf Vorrat Gemüse benötigen, dann versuchen Sie doch dieses Rezept. Es eignet sich für fast alle Gemüsearten, die sich auch anbraten lassen, wie etwa: Karfiol (Blumenkohl), Brokkoli, Karotten (Möhren), gelbe Rüben, Fisolen (grüne Bohnen), Kürbis etc.

Vorsicht: Tomaten und Auberginen (Melanzani) würde ich für diese Art der Zubereitung nicht empfehlen.

Meine Frau liebt diese Gläser in Zeiten ihrer immer wiederkehrenden Abnehmphasen, sie versucht mich zwar mit allen möglichen Tricks zum ernsthaften Miteinanderabnehmen zu motivieren und hält sich wirklich eisern an ihre Diät. Trotzdem schaffe ich es, in diesen „harten“ Zeiten immer wieder „unaufschiebbare“ Geschäftsessen für mein Seelenheil einzuplanen ...

- Das Gemüse putzen und in die gewünschte Größe schneiden.
- Je nach Gemüseart und gewünschtem Geschmack Wasser mit etwas Salz, Rind- oder Gemüsesuppe aufkochen und etwas abkühlen lassen.
- Das Gemüse sehr eng mit der Hand in die vorbereiteten Gläser schlichten, möglichst bis ca. 2–3 cm unter die Glasmündung. Dann mit dem warmen, aber nicht heißen Salzwasser oder mit Suppe aufgießen.
- Die Gläser verschließen und bei 120 °C 90 Minuten einkochen.

TIPP: GEMÜSE RICHTIG SCHNEIDEN

Schneiden Sie das Gemüse nicht zu klein, so behält es eine gewisse Härte und kommt nicht gummiweich auf Ihre Gabel oder Ihren Löffel.

SAUERGEMÜSE

Selbst eingelegtes Gemüse in Gläser einzukochen ist supereinfach! Das ausgesuchte Gemüse dazu in ein großes Konservenglas schlichten und dann mit einer Essig-Zucker-Wasser-Mischung (mit oder ohne Gewürze) übergießen und einkochen.

Der Essigsäureanteil ist teilweise gesetzlich geregelt, in Österreich und Deutschland muss er beispielsweise zwischen 4,5 und 7 % liegen, in Schweden ist der Essigsäuregehalt aber mit 15 % festgelegt. Diese Angaben brauchen Sie aber nur beachten, wenn Sie Ihre Gemüse auch verkaufen möchten.

Ich verwende viele verschiedene Essige aus allen möglichen Ländern, es gibt nichts Schöneres, als fremde Produkte kennenzulernen. Wenn Sie das ebenso handhaben, sollten Sie das Etikett genauer durchlesen, dann kann es keine sauren Überraschungen geben. Eine beliebte Grundmischung ist sehr einfach:

- 1,5 Teile Essig
- 2 Teile Zucker
- 3 Teile Wasser

Je bissfester Sie Ihr Gemüse haben wollen, desto größer sollte der Essiganteil sein. Ich persönlich würde aber nicht mehr als zwei Teile Essig verwenden, das ist aber eine reine Geschmacksfrage. Probieren Sie eigene Gewürzmischungen aus, hier können Sie wirklich kreativ sein; ob süßlicher oder schärfer oder auch italienisch (mit Oregano, Thymian etc.) oder schwedisch (mit Dille und Estragon) – hier ist Ihr Geschmack das Maß der Dinge! (Bitte verwenden Sie ausschließlich getrocknete Kräuter!)

Nach dem Einrexen geben Sie Ihrem Gemüse zwei bis drei Wochen Zeit zum Reifen, damit es die wunderbaren Aromen aus den Gewürzen aufsaugen kann und richtig Pepp bekommt. Diese genialen Gläser sind ungefähr sechs Monate bis zu ein Jahr haltbar (je nach Rezept). Bei uns halten diese Gläser leider nur wenige Wochen und ich muss froh sein, dass meine Familie noch nicht alle Geheimverstecke gefunden hat!

WICHTIG: GLÄSER BEOBACHTEN

Den Glasinhalt nicht mehr essen, wenn sich ein Bodensatz in den Gläsern bildet oder ein weißer Schleier zu sehen ist! Auch eine Trübung des Suds ist ein Zeichen dafür, dass sich bereits Hefe gebildet hat.

IN ÖL EINGELEGTES GEMÜSE

Ein Klassiker, der oft im Supermarkt gekauft wird, um den letzten, meist italienischen Restaurantbesuch zu imitieren, ist in Öl eingelegtes Gemüse. Diese gekauften Produkte erinnern leider sehr selten an die leckeren Antipasti des so geschätzten Ristorante. Dabei ist es so einfach, die vollen, wunderbaren Aromen des reifen Gemüses einzufangen und zu konservieren.

Wichtig ist auch hier, ein nicht zu weiches, aber reifes Gemüse zu verwenden. Ich bevorzuge Gemüse, das die Sonne wirklich gesehen hat und nicht aus Gewächshäusern kommt, natürlich am besten vom eigenen Garten oder vom Biobauern, denn dieses Gemüse hat durch die Sonnenstrahlen mehr Süße und mehr Geschmack.

Ebenso wichtig ist die Qualität des Öls sowie der eventuell verwendeten zusätzlichen Kräuter. Verwenden Sie keine günstige Supermarktware! Natürlich gibt es Öle, die nur ein paar Euro kosten. Das sind aber ausschließlich Industrieprodukte und zum Frittieren sicherlich geeignet, aber diese Produkte sind ganz sicher nicht zum Einlegen und Einkochen Ihrer vielleicht eigenen Kreationen geeignet, nicht einmal für Salate verwende ich solche Industrieöle.

HINWEIS: HOCHWERTIGE ÖLE

Ein gutes Öl oder einen guten Essig kann man sicher nicht allein am Preis erkennen, aber uns Konsumenten muss klar sein: Die Herstellung eines natürlichen Produkts kostet. Bedenken Sie die aufgewendete Arbeitszeit, die Mühen eines eigens hergestellten Düngers ... Denken Sie auch an die Arbeit im eigenen Garten, vergleichen Sie und wägen Sie ab, ob Sie Ihren selbst gemachten Saft auch um 90 Cent verkaufen würden.

Öl wird im Allgemeinen aus Früchten und vor allem Kernen gewonnen. Für mich bedeutet ein gutes Öl, anhand des Geruchs und des Geschmackes sofort diese Frucht oder die Kerne vor Augen zu haben und eine Gedankenreise zu erleben. Ich kenne viele gute Öle, diese sind aber fast ausschließlich kaltgepresst worden. Bei einigen Kernölen bevorzuge ich es, wenn die Kerne vor dem Pressen ein wenig erwärmt, also angeröstet werden. Die so erhaltenen Röstaromen finden sich im Kernöl wieder. Ein Beispiel für eine solche Röstung finden Sie beim sehr beliebten echten steirischen Kürbiskernöl g.g.A. (eine Vereinigung von Kürbiskernbauern aus einem von der EU geschützten Anbaugebiet).

In Österreich und Deutschland finden Sie eine Vielzahl von Ölmühlen, die mehrere kaltgepresste Öle mit einer ausgezeichneten Qualität – meist sogar mit einer BIO-Zertifizierung – anbieten. Die unterschiedlichen und besonderen Geschmacksnoten dieser verschiedenen Öle verwende ich oft, um aus dem gleichen Gemüse und der gleichen Zubereitung unterschiedlichste Geschmackszusammenstellungen einzukochen. Von scharf bis süßlich, von zitronig bis asiatisch – es ist so viel möglich, kreieren Sie eigene Geschmackskompositionen!

Prinzipiell ist das Einlegen in Öl eine sehr alte Form des Haltbarmachens. Das Öl erzeugt einen Sauerstoffabschluss und verhindert, dass sich eventuelle Bakterien vermehren können. Einige Öle verändern aber bei starkem Erhitzen ihren Geschmack und/oder werden bei Temperaturen über 100 °C sogar giftig. Bei einigen Rezepten finden Sie daher die Angabe, auf 75 °C zu erwärmen. Der Grund ist, dass hier nicht das Füllgut haltbar gemacht, sondern die Luft zwischen der abschließenden Ölschicht und dem verschlossenen Deckel pasteurisiert wird. Das heißt, dass sich hier eventuell existierende Bakterien nicht vermehren können. Daher ist diese Form auch „nur" für eine verlängerte Haltbarkeit und nicht für ewig gedacht!

WICHTIG: DIE RICHTIGEN DECKEL

Bitte achten Sie auf Ihre Deckel! Die neuen (!) Deckel für in Öl haltbargemachte Gemüse sollten mindestens für 100 ppm/SO_2 geeignet sein.

TIPP: WARM WEITERVERARBEITEN

Angebratenes, gegrilltes oder auch gekochtes Gemüse sollte immer im warmen Zustand weiterverarbeitet werden!

Karfiol (BLUMENKOHL) & BROKKOLI IM GLAS

Supereinfach und ein schnelles und gesundes Mittagessen, ehrlich, es gibt selten etwas Einfacheres, dass alle im Haushalt gerne ins Büro mitnehmen oder sich selber zubereiten, als diese Variante des Gemüses im Glas!

Für meine Frau ist das die perfekte Mahlzeit in der Abnehmzeit, ausgiebig und mit vielen Vitaminen!

ZUTATEN FÜR 4 GLÄSER À 580 ML

1 Karfiol (Blumenkohl) • 1 Brokkoli • 1,5 l Wasser • Salz, Suppengewürz

1. Den rohen Karfiol in kleine Stücke (Rosen) teilen, ebenso den Brokkoli.
2. Das Wasser zum Kochen bringen, salzen, eventuell etwas Suppenwürze (Achtung: ohne Hefeextrakt!) dazugeben.
3. Abwechselnd die rohen Karfiol- und Brokkoliröschen in die vorbereiteten Gläser schlichten (eher fest nebeneinander ins Glas drücken), mit Salzwasser/Suppe aufgießen und sofort verschließen.
4. Bei 95 °C 120 Minuten einkochen.

Eingelegter
K. & K. SALAT

Die Jause, die schon zu Kaisers Zeiten mit einem Schwarzbrot serviert wurde!

ZUTATEN FÜR 2 GROSSE GLÄSER À 850 ML

1 Glas süßsaure Essiggurken • 100 ml Essig (Weinessig) • 2 TL Zucker
4 Lorbeerblätter • Pfefferkörner, ganz • Senfkörner, ganz
6 Knackwürste • 300 g gekochtes Rindfleisch • 500 g rote Zwiebeln
2 Äpfel (Gala oder ein anderer roter, leicht süßer Apfel)

1 Die Gurken aus dem Glas nehmen, die verbliebene Lake mit 2 l Wasser, Essig, Zucker und Gewürzen kurz aufkochen und abkühlen lassen.

2 Die Knacker enthäuten und mit einem Zahnstocher auf allen Seiten einstechen (nicht zu tief). So kann die Lake besser einziehen.

3 Das Rindfleisch in Würfel schneiden, die Zwiebeln in nicht zu dünne Ringe schneiden, die Äpfel schälen, das Gehäuse entfernen, dann in kleine Würfel schneiden. Die Gurken in Scheiben schneiden.

4 Die Gläser mit Zwiebeln, Knackern, Rindfleisch, Apfel und Gurken füllen. Mit Lake bis ca. 3,5 cm unterhalb der Mündung auffüllen.

5 Die Gläser verschließen und den Salat bei 75 °C 90 Minuten einkochen.

Eingelegter
SUSHI-INGWER

Eine der besonderen Spezialitäten aus der asiatischen Küche – wenn Sie ihn einmal selber hergestellt haben, werden Sie die Supermarktprodukte nicht mehr kaufen wollen: So einfach in der Herstellung und doch so eine irre Geschmacksexplosion am Gaumen.

ZUTATEN FÜR 2 GLÄSER À 160 ML

150 g ganz frischer Ingwer, geschält und in 1 cm große Stücke geschnitten • 1 EL Salz
3 EL Zucker • 3 EL Wasser • 150 ml Reisessig

1 Den Ingwer mit dem Salz einreiben und in einem verschlossenen Plastikbeutel ca. 1 Woche im Kühlschrank „marinieren".

2 In einer kleinen Pfanne den Zucker in der Wasser-Essig-Mischung auflösen, kurz köcheln lassen.

3 Den Ingwer am besten mit einer Schneidemaschine oder einem scharfen Messer in ganz feine Scheiben quer zur Faserung schneiden, in ein sauberes Glas füllen und mit der Marinade übergießen. Er hält in der Marinade im Kühlschrank locker drei Monate.

4 Alternativ die Gläser verschließen und bei 75 °C 90 Minuten einkochen.

TIPP: Probieren Sie einmal selbst gemachtes Sushi und Maki mit dem eingelegten Ingwer, dazu Sojasauce und Wasabi-Paste reichen.

Eingelegtes KÜRBISGEMÜSE

Ich fühle mich in der Steiermark fast zu Hause, meine Arbeitskollegen meinten eine Zeit lang, ich müsste dort einen Meldezettel ausfüllen, weil ich so oft dort war und auch wochenlang übernachtete.

In der Steiermark findet sich unter vielen tollen Produkten auch der Kürbis, für den dieses Land ja so berühmt ist. Ich verwende für dieses Rezept jetzt nicht den steirischen „Plutzer" (steirisch für Kürbis), aus dem das kaltgepresste Kürbiskernöl gewonnen wird, sondern eine verwandte Art, weil diese leichter im Handel zu bekommen ist.

ZUTATEN FÜR 4 GLÄSER À 390 ML

1 Hokkaidokürbis, ca. 1 kg • 1,5 l Wasser • 150 ml guter Weißweinessig
100 ml milder Apfelessig • 250 ml trockener Weißwein • Salz • 15 g Ingwer
10 Stk. Pimentkörner • 10 g Kurkuma

1. Den Kürbis schälen, halbieren, entkernen und in 1 cm breite Scheiben oder Würfel schneiden, achten Sie unbedingt auf Ihre Glasmündungsgröße, die Kürbisscheiben sollten durchpassen.
2. 1,5 l Wasser, die Essige und den Wein zum Kochen bringen, vorsichtig salzen und würzen. Kosten Sie diese Mischung, bevor Sie das Gemüse zufügen. Die Kürbisstücke dazugeben und ca. 10 Minuten kochen lassen. Der Kürbis muss noch fest sein!
3. Die Kürbisstücke mittels Schäumer (Lochschöpfer/Schaumlöffel) in die vorbereiteten Gläser füllen, mit der Essig-Wein-Mischung aufgießen und sofort verschließen.
4. Einkochen bei 95 °C für 90 Minuten.

TIPPS: Lassen Sie die Kürbisgläser 2–3 Wochen an einem dunklen, kühlen Ort durchziehen, erst dann entfaltet sich der ultimative Geschmack!

Wenn Sie es etwas schärfer mögen, können Sie dem Kürbis auch Chilischoten oder Kren (Meerrettich) zufügen.

Auf diese Art lassen sich auch Karotten, Zucchini, Gurken, Paprika, Chilischoten etc. zubereiten und einkochen.

Schwarzwurzeln
IN ESSIG

Schwarzwurzeln kommen ursprünglich aus Spanien und werden dort auch Winterspargel genannt, obwohl sie biologisch mit dem Löwenzahn verwandt sind.

Ich esse in den diversen Büffets selten Produkte von der Salat-Bar, aber bei Schwarzwurzeln kann ich selten Nein sagen. Der Geschmack ist wesentlich milder als beim Spargel, leicht würzig und nussig.

Verwenden Sie unbedingt Handschuhe beim Schälen, da das Wurzelgemüse einen klebrigen Saft absondert, der auch noch Flecken auf der Haut hinterlässt!

ZUTATEN FÜR 4 GLÄSER À 580 ML

2 kg Schwarzwurzeln • 2 l Wasser • 50 ml besonders milder Essig mit wenig Säure

1. Die Schwarzwurzeln gründlich unter kaltem, fließendem Wasser abwaschen (am besten mit einer weichen Gemüsebürste) und mit einem Sparschäler zügig schälen (sonst kommt es zu Verfärbungen). Etwa 1,5 cm an beiden Enden abschneiden und nochmals abspülen. Die Stangen in ca. 4–5 cm lange Stücke schneiden.
2. In einem ausreichend großen Topf 2 l Wasser mit dem Essig aufkochen, die Hitze reduzieren und die Schwarzwurzeln ca. 5–7 Minuten (je nach Dicke) darin ziehen lassen.
3. Die Stücke in die vorbereiteten Gläser füllen, mit dem Essigwasser voll bedecken (es soll nichts herausragen!) und verschließen.
4. Bei 95 °C 90 Minuten einkochen.

TIPPS: Dille und Estragon (im Teebeutel), im Essigwasser mitgekocht, verleihen den Schwarzwurzeln einen eleganten Geschmack, vor allem wenn diese dann als Gemüsebeilage oder Suppe weiterverarbeitet werden!

Wenn Sie die Schwarzwurzeln nicht sofort verarbeiten möchten: Sie halten sich bis zu 3 Wochen ungewaschen an einem kühlen, trockenen Ort.

Zucchinischeiben IN EINER OLIVENÖL-ZITRONEN-MISCHUNG

Hier wird Ihr Gartengemüse eingerext: Wenn Sie im Winter dieses Glas aufmachen, werden Sie sofort wieder an den tollen Sommer denken und sich dabei fast erholen!

Ich stehe auf diese Mischung, wenn Gemüse und ein gutes Olivenöl gemeinsam mit den frischen, nach Sommer rufenden Zitronen oder Limetten sich zu einer herrlichen Vorspeise „zusammenraufen"!

ZUTATEN FÜR 3 GLÄSER À 390 ML

4 Zucchini • 1 l Olivenöl • Saft von 2 Zitronen (und/oder Limetten)
1 Handvoll Oregano • 1 Handvoll Thymian

1 Die gewaschenen Zucchini in ca. 5 mm breite runde Scheiben schneiden und portionsweise in einer sehr heißen Pfanne mit wenig Öl anbraten (ich verwende hier eine Olivenöl-Rapsöl-Mischung, 1 : 2), die Zucchini sollten eine braune Farbe annehmen, aber noch fest sein!

2 Besonders toll sehen die Scheiben aus, wenn Sie eine gerippte Grillpfanne verwenden oder noch besser direkt am Gartengrill grillen. Dadurch bekommen Sie diese herrlichen Röstaromen und wenn Sie dann noch frische Kräuter mitgrillen oder auch in der Pfanne mitbraten, erhalten Sie den unverwechselbaren Geschmack nach einem lauen Sommerabend mit einer Grillerei im Glas!

3 Gutes Olivenöl mit viel Zitronen- und/oder Limettensaft vermischen, ich gebe Ihnen hier absichtlich keine Mengenangabe, kosten Sie immer wieder und finden Sie Ihre Mischung! Dann die Zucchini abwechselnd mit der Ölmischung und den Kräutern im Glas einlegen – am Schluss immer einen guten Schuss Olivenöl dazugeben und verschließen.

4 Diese Gläser sind etwa 2 Monate im Kühlschrank gekühlt haltbar! Sie können diese Gläser gerne auch einrexen (wenn Sie diesen Geschmack so lange aufheben können): 25 Minuten bei 75 °C einrexen.

Paprika
IN ÖL

Wenn Freunde im Winter kommen und diese am Holzkohlengrill kurz angegrillten Paprika als Vorspeise bekommen, sind sie immer begeistert. Die Süße der Paprika gepaart mit den Raucharomen ist ja wirklich verführerisch, dazu noch einen frischen Schafskäse oder einen echten Bufala (Büffelmozzarella) und frisches Toskanabrot! Viele wollen und können dann auch keine Hauptspeise mehr ...

ZUTATEN FÜR 4 GLÄSER À 580 ML

je 1,5 kg rote und gelbe Paprika (Spitzpaprika sehen besonders toll aus)
1,5 l sehr gutes Olivenöl • 8 Knoblauchzehen
frische Kräuter nach Belieben (Thymian, Oregano, Basilikum)

1. Die Paprika vierteln und die Kerne wie auch das weiße Fruchtgehäuse entfernen.
2. Entweder am Grill (wäre perfekt für Grillaromen) oder mit einer Grillpfanne die Paprikaviertel portionsweise auf beiden Seiten kurz bei sehr hoher Hitze angrillen, bis diese weich sind.
3. Das Öl mit den geschälten und leicht angedrückten Knoblauchzehen sowie den Kräutern vermischen.
4. Jetzt die Paprika in die vorbereiteten Gläser schlichten und mit der Ölmischung auffüllen.
5. Für eine längere Haltbarkeit ist es möglich einzukochen, ein gutes Öl hält diese Temperatur ohne nennenswerten Geschmacksverlust oder Qualitätsverlust aus!
6. Die Paprika bei 75 °C 25 Minuten einkochen.

VARIATIONEN: Dieses Rezept lässt sich mit getrockneten Tomaten, in Streifen geschnittenen Zucchini oder Melanzani (Auberginen) genauso perfekt zubereiten!

Knoblauch IN ÖL

Wer einmal einen selbst eingelegten Knoblauch auf einem frisch getoasteten Schwarzbrot mit der Gabel zerdrückt und gegessen hat, wird von diesem „Antipasti-Snack" nie wieder wegkommen, zu groß ist die Suchtgefahr. Die Gewürzmischungen machen den Unterschied zu den Produkten aus dem Supermarkt! Ich liebe diese rote Chili-Paprika-Knoblauch-Mischung und zusätzlich ist so ein Glas ein geniales Mitbringsel!

ZUTATEN FÜR 8 GLÄSER À 290 ML

500 g Knoblauch • 1 l gutes kaltgepresstes Olivenöl
1 l kaltgepresstes Sonnenblumenkernöl oder Rapsöl
je 3 Zweige frischer Thymian, Rosmarin, Oregano, Basilikum • 2 Chilischoten
eventuell 150 ml Chili-Olivenöl und 150 ml Paprika-Olivenöl
(dann aber nur 700 ml Olivenöl!)

1. Die Knoblauchknollen in einzelne Zehen zerteilen, mit Schale kurz in heißem Wasser blanchieren, sofort mit kaltem Wasser abwaschen – so lässt sich der Knoblauch kinderleicht schälen.
2. 500 ml Olivenöl und 500 ml Sonnenblumen oder Rapsöl in einen Topf geben, die Hälfte der geschälten Knoblauchzehen dazugeben, die frischen Kräuter von den Zweigen befreien, möglichst klein schneiden und ebenso in den Topf geben. Diese Mischung ca. 10 Minuten erwärmen (Achtung: Das Öl darf auf keinen Fall auf über 100 °C erhitzt werden – Spritzgefahr!).
3. Nach Wunsch das Chili- und Paprika-Olivenöl mit den restlichen Ölen in einem weiteren Topf vermischen, die Chilischoten entkernen und von den Samensträngen befreien, grob schneiden und in einem verschlossenen Teebeutel gemeinsam mit den übrigen Knoblauchzehen in den Topf geben. Ich gebe die Chilischoten nicht in die vorbereiteten Gläser, da mir das zu viel Schärfe ist, aber das ist natürlich trotzdem möglich! Ebenso ca. 10 Minuten erwärmen.
4. Die Knoblauchzehen in die vorbereiteten Gläser füllen, bitte nicht zu voll, mit der jeweiligen Ölmischung auffüllen und verschließen. Achtung besonders auf die Kopfraumhöhe des Glases, die wird hier beim Einkochen unbedingt gebraucht!
5. Einkochen bei 90 °C für 90 Minuten.

SUPPEN, EINTÖPFE UND AUFLÄUFE

SUPPEN IM GLAS

Suppen sind die ursprünglichste Form unserer Nahrungszubereitung, schon kurz nach dem Sesshaftwerden unserer Menschheit begannen unsere Vorfahren in Flüssigkeit gegarte Speisen zuzubereiten. Das hat sich über die Jahrhunderte auch nicht verändert, egal ob Könige oder Bauern, Suppen sind immer schon ein fester Bestandteil unserer Nahrungsaufnahme gewesen.

Jeder kennt ebenso die volkstümliche Redensart, dass Hühnersuppe und Kraftsuppe Kranke „zum Leben erwecken". Mit diesen regelmäßig gekochten Suppen verbinden wir Familientraditionen (wie eben die Hühnersuppe bei einer Verkühlung im Bett), aber auch diese typischen Urlaubsträume, die wir mit Speisen verlängern. Denken Sie nur an Ihren letzten Spanienurlaub: ohne eine Gazpacho nicht auszudenken.

HINWEIS: EINFACH EINKOCHEN

Suppen einzukochen ist eigentlich sehr einfach, entweder Sie kochen wirklich einen großen Topf Ihrer Lieblingssuppe auf Vorrat oder Sie kochen die Reste ein. Der Unterschied liegt nur im Energieaufwand, den Sie zum Einkochen aufwenden müssen.

Ich koche gerne Suppen auf Vorrat, schon im Sommer verwende ich das Gemüse, das meine Familie nicht mehr essen will, und koche Minestrone, Gemüse- und Rindersuppe für den Winter. (Unter uns, bei uns gibt es ein großes Regal, wo alle eingekochten Gläser stehen, aber wenn ich dann im Winter das erste Glas Minestrone für mich holen will, ist das Regal meist leer und keiner hat die vollen Gläser gesehen.)

TIPP: KEINE GEKAUFTEN SUPPENWÜRFEL

Bitte verwenden Sie keine gekauften Industrie-Suppenwürfel/Brühwürfel oder Ähnliches, die Chance, dass Ihre eingekochten Speisen anfangen zu gären, ist sehr hoch, da diese Produkte meist mit einem Hefeextrakt ausgestattet sind!

WICHTIG: TIPPS ZU FLEISCHSUPPEN

Bei allen Gerichten mit Fleisch ist es sehr wichtig, die Gläser nach dem Einkochen sofort aus dem Automaten/Kochtopf/Backofen zu nehmen und möglichst schnell auskühlen zu lassen. (Denn wenn Suppen bei 60 °C längere Zeit stehen bleiben, freuen sich die Bakterien und vermehren sich gleich wieder.)

Waschen Sie das Fleisch vor dem Aufkochen gut ab, nach dem ersten Aufkochen gießen Sie das Wasser ab und füllen den Topf erneut auf, so sind Sie auf der sicheren Seite zum Einkochen von Suppen!

Nach dem Kochen füllen Sie die Suppe in Gläser, säubern die Ränder, verschließen die Gläser und kochen die Suppe ein.

EINTÖPFE UND AUFLÄUFE IM GLAS

Schon in der Vorsteinzeit haben unsere Vorfahren begonnen, mehrere Zutaten gemeinsam zu erwärmen, die Ägypter waren die ersten, die Rezepte entwickelten und Kräuter und Gewürze gemeinsam verwendeten, sie schätzten diese Gerichte so sehr, dass sie diese auch als Grabbeigaben mit ihren Toten begruben.

Römer und Griechen verfeinerten die Eintöpfe weiter und hatten bereits weithin berühmte Gerichte, wie zum Beispiel den römischen Heringseintopf – ein tagelang in der Hitze stehender Fischeintopf, dessen Flüssigkeit dann gegessen wurde.

Bis ins letzte Jahrhundert waren Eintöpfe auch bei uns die Hauptmahlzeit für die schwer arbeitenden Bauern und Handwerker und wurden deshalb oft auch als „Arme-Leute-Essen" betitelt. Dass diese Speisen heute wieder „en vogue" sind und sogar auf den Speisekarten guter Restaurants zu finden sind, beweist, dass auch eine meist einfache Rezeptur – mit qualitativ hochwertigen Lebensmitteln und mit Raffinesse bereitet – eine ausgezeichnete Wahl ist.

Ein großer Topf und lange schmoren lassen – das ist eines der Geheimnisse guter Eintöpfe. Einige Gerichte schmecken immer besser, je öfter diese erwärmt werden, wie zu Beispiel das Wiener Gulasch oder auch ein Chili con Carne.

Daher eignen sich Eintöpfe auch hervorragend zum Einkochen, vorausgesetzt Sie verwenden keine Milchprodukte und kein Mehl, beides kann nach dem Aufwärmen aber ohne Probleme untergerührt werden.

TIPP: WEDER MILCH NOCH MEHL

Bitte keine Milchprodukte verwenden oder die Flüssigkeit beim Einkochen mit Mehl binden – diese Zutaten bitte erst kurz vor dem Servieren unterrühren!

HINWEIS: EINKOCHZEIT

Wenn Sie große Gläser mit einem Inhalt von über 1 l verwenden, verlängert sich die Einkochzeit um 15 Minuten!

Asiatische HÜHNERSUPPE MIT REISNUDELN

ZUTATEN FÜR 6 GLÄSER À 580 ML

3 cm frischer Ingwer • 2 Zwiebeln • 3 Knoblauchzehen
1,5 kg Hühnerfilet, in 4 cm große Würfel geschnitten • Salz • 10 Pfefferkörner
3 Lorbeerblätter • 2 Stück Sternanis • 3 Karotten, in Scheiben geschnitten
3 Frühlingszwiebeln, in feine Ringe geschnitten
3 Stangen Sellerie, in Scheiben geschnitten • 1,5–2 l Wasser oder Hühnerbrühe
4 EL helle Sojasauce • 200 g Bohnensprossen (Soja- oder Mungobohnen)
150 g längliche dünne Reisnudeln

1. In einer kleinen Pfanne oder unter einem Grill den Ingwer, die Zwiebeln und die Knoblauchzehen mitsamt der Haut braun rösten, kalt werden lassen, abschälen und die Schalen in ein Gewürz- oder Teesieb geben. Die anderen angegarten Teile in Scheiben und Ringe schneiden.

2. In einem Kochtopf mit kaltem Wasser das Fleisch, das Gewürzsieb, etwas Salz und alle Zutaten bis auf die Sojasauce, die Bohnensprossen und die Reisnudeln langsam zum Kochen bringen. Bei niedriger Hitze ca. 30 Minuten köcheln, den entstehenden Schaum dabei immer wieder abschöpfen.

3. Am Ende der Garzeit nach Geschmack nachsalzen und die Sojasauce angießen, das Gewürzsieb, die zwei Sternanis und den Lorbeer herausnehmen, die Reisnudeln und die Sprossen für die letzten 5 Minuten zugeben und alles zu zwei Dritteln in die vorbereiteten Gläser füllen, verschließen.

4. Einkochen im Backofen bei 120 °C für 120 Minuten, danach sofort herausnehmen und an einem kühlen Ort auskühlen lassen!

TIPPS: Für die Einkochvariante bitte die Sprossen sowie die Reisnudeln erst beim Aufwärmen frisch in die Suppe geben!

Mit knusprig gebratenen Zwiebeln, frischem Koriander und einer fein gehackten Chilischote oder auch mit einer Messerspitze roter Thai-Currypaste servieren.

Die Suppe für an Grippe erkrankte Männer! Was kann es Schlimmeres geben? Wir Männer sind dann ja wirklich „fast“ todkrank, aber diese Suppe hilft schnell! Sie schmeckt außerdem so unglaublich, dass Felix „gezwungen“ wird, diese Suppe oft bei Einladungen im Freundeskreis zu servieren. Ich komme überhaupt nur mehr zu ihm, wenn es diese Suppe gibt!

Natürlich schmeckt diese Suppe auch frisch, aber fast besser – weil ein wenig schärfer – ist sie beim Erwärmen nach dem Einkochen!

Deftige NACHTSCHWÄRMERSUPPE

Dieses ideale Gericht nach einer „schweren“ Nacht, um wieder zu Kräften zu kommen, wurde von ungarischen Studenten um 1900 „erfunden“, die nach durchtanzten Nächten einigermaßen fit in die Vorlesungen bei einem strengen Professor mussten, von dem der Ausspruch stammen soll: „Wer in der Nacht ein Held ist, muss dies auch am nächsten Tag sein!“

ZUTATEN FÜR 6 GLÄSER À 580 ML

250 g Karotten (Möhren) • 250 g Paprika • 250 g Chilischoten • 250 g Zwiebeln
1 Knoblauchknolle • 500 g Rindfleisch (Schulter oder Schale) • Öl zum Anbraten
500 g Faschiertes vom Rind (Rinderhackfleisch)
500 ml Pale Ale (Craftbeer – helles Malzbier) • 500 ml Gemüsesuppe
1 Dose (400 ml) Tomaten, in Stücken
1 Dose (400 ml) Käferbohnen (ersatzweise Kidneybohnen)
1 Dose (400 ml) Ananas, in Stücken • Salz, Pfeffer, Majoran, Petersilie

1. Gemüse, Zwiebeln und Knoblauch schälen und klein schneiden. (Vorsicht, bei den Chilischoten hier neben den Kernen auch die weißen Innenwände entfernen!)
2. Das Rindfleisch in kleine Würfel schneiden, kurz bei starker Hitze in einem großen Topf mit wenig Öl anbraten, herausnehmen und beiseitestellen.
3. In dem gleichen Topf zuerst die Zwiebeln mit dem Knoblauch anschwitzen, dann das Faschierte zufügen, ebenso anbraten. Anschließend die Rindfleischwürfel und das klein geschnittene Gemüse wieder zugeben.
4. Nach ein paar Minuten das Pale Ale zugeben, nach einer weiteren Minute die Gemüsesuppe, die Tomaten, die Bohnen und die gut abgetropften Ananas beigeben. Mit Salz, Pfeffer und den Gewürzen abschmecken und bei wenig Hitze ca. 60 Minuten köcheln lassen.
5. In die vorbereiteten Gläser füllen – Achtung: heiß! Daher die Gläser ein wenig vorwärmen, gleich verschließen.
6. Bei 120 °C 120 Minuten einkochen.

Krautsuppe
(KOHLSUPPE)

Das Basisrezept, um einige Gläser der wohl besten „Abnehmsuppe" auf Vorrat zu legen. Diese Suppe können Sie auch mit verschiedenen Zutaten variieren. Sie werden das Gefühl haben, immer eine andere Speise zu genießen.

ZUTATEN FÜR 6 GLÄSER À 580 ML

1 kg Weißkraut (Weißkohl) • 250 g Zwiebeln • 2 Karotten (Möhren) • 2 gelbe Rüben
1 Staudensellerie (Stangensellerie) • etwas Öl zum Anbraten
2 Dosen geschälte und gehackte Tomaten (Pelati, à 400 g)

1,5 l Wasser, wahlweise 1,5 l Suppe (klare Gemüsesuppe oder Rindersuppe – bitte kein Suppenwürfelprodukt!) • Salz und Pfeffer • Kümmel, gemahlen
eventuell Chili, gemahlen

1 Das Weißkraut in feine Nudeln schneiden, die Zwiebeln schälen, ebenfalls in feine Streifen schneiden, die Karotten, die gelben Rüben und den Stangensellerie putzen, schälen und in kleine Stücke schneiden.

2 In einem großen Topf das Öl erhitzen, die Karotten, Rüben und Zwiebeln darin kurz anbraten, mit den gehackten geschälten Tomaten ablöschen, 1,5 l Wasser oder Suppe dazugeben, das Weißkraut und den Stangensellerie dazugeben und 20 Minuten leicht köcheln lassen.

3 Mit Salz, Pfeffer und Kümmel abschmecken – wer es schärfer mag, gibt gemahlenen Chili dazu. In vorbereitete Gläser abfüllen und verschließen.

4 Einkochen bei 95 °C für 120 Minuten.

TIPPS: Besondere Variationen: Frühlingszwiebel statt Zwiebel und Paprika statt der Tomaten.

Als Abwechslung auch einmal eine weiße leicht bekömmliche Krautsuppe ohne Tomaten und Paprika probieren, dazu bitte alles ohne Öl und anbraten in einem Topf 25 Minuten erhitzen.

Auch eine deftige Suppe mit Debreziner ist möglich – aber nicht zum Abnehmen –, dann bitte bei 120 °C 90 Minuten einkochen.

Paprikasuppe

Leicht, fein und schnell zubereitet ist dies für Paprikaliebhaber die einzig wahre Suppe! Probieren Sie diese Suppe einmal als einfacher Sugo zu Penne, etwas Grana (herrlicher Käse mit mildem Geschmack) dazu. Da fühle ich mich in Süditalien, herrlich süß-würzig!

ZUTATEN FÜR 6 GLÄSER À 390 ML

8 rote Paprika – ich bevorzuge Spitzpaprika, da diese süßlicher sind • 2 große Zwiebeln
2 Knoblauchzehen • 3 EL Olivenöl • 3 Zweige Thymian
1 l Gemüse- oder klare Suppe, ersatzeise auch nur mit Wasser
Salz und schwarzer Pfeffer • Cayennepfeffer
200 ml Schlagobers (Sahne) (diese UNBEDINGT erst vor dem Servieren beimengen!)

1. Die Paprika gut waschen, die Haut mit einem Spargelschäler entfernen, die Paprika halbieren, die Kerne entfernen, in kleine Stücke würfeln.
2. Die Zwiebeln und den Knoblauch schälen und würfeln. Das Öl in einem Topf erhitzen und die Zwiebeln und den Knoblauch andünsten (sie sollen keine Farbe annehmen).
3. Die Paprika hinzufügen, den Thymian gut waschen und trocken schütteln, abzupfen und klein schneiden, in den Topf unterheben, mit Suppe ablöschen, würzen und 25 Minuten köcheln lassen. Ich püriere die Suppe gerne noch mit dem Stabmixer – ist aber kein Muss.
4. In vorbereitete Gläser füllen und verschließen.
5. Bei 90 °C 60 Minuten einkochen.

SCHNELLE MARONI-*Tomatensuppe* (VEGAN)

Eigentlich habe ich diese Suppe bei einer meiner Einladungen aus Not erfunden, weil ich wieder einmal den Einkaufszettel zu Hause vergessen und nur die Hälfte eingekauft hatte. Aber bei der anderen Hälfte des Einkaufs waren Maroni dabei. Habe ich schon erzählt, dass ich gerne einkaufen gehe? Ich liebe es, durch große Supermärkte zu schlendern und dabei bleibt eben der Einkaufswagen nicht leer.

Maroni und Tomaten gehen hier eine elegante Symbiose ein. Die Süße der Tomaten mit den leicht nussigen Maroni – eventuell kurz vor dem Servieren noch etwas Schlagobers (Sahne) untermischen. Und das Ganze geht auch noch superschnell – hier mein Rezept zum Einkochen: Damit fühlt es sich auch während der Woche zu Mittag im Büro wie Wochenende an.

ZUTATEN FÜR 6 GLÄSER À 290 ML

1 Zwiebel • 1 Knoblauchzehe • Olivenöl • 400 ml passierte Tomaten
800 ml Dosentomaten, in Stücken (Pelati)
500 ml Gemüsesuppe (ersatzweise Wasser mit Suppenwürfel, ohne Hefeextrakt)
400 g ofengebratene geschälte Maroni (Edelkastanien) • frischer Koriander
Salz und Pfeffer

1 Zwiebel und Knoblauch klein schneiden, in Öl anschwitzen, die passierten Tomaten dazugeben (Vorsicht Spritzgefahr), dann die Dosentomaten und die Gemüsesuppe hinzufügen und das Ganze zum Kochen bringen.

2 Die Hälfte der Maroni zufügen, den Koriander klein schneiden, mit Salz und Pfeffer abschmecken.

3 Die Suppe in die vorbereiteten Gläser abfüllen.

4 Bei 90 °C 70 Minuten einkochen.

TIPP: Statt Maroni eignen sich auch Walnüsse.

TOMATEN-
Kokossuppe
(VEGAN)

Als frisch-nussig kann man den Geschmack dieser Suppe bezeichnen, allein der himmlische Geruch nach ein wenig Zitrone (durch den Ingwer) und der vollen Kokosnuss, in die man liebsten reinbeißen möchte, ist außergewöhnlich. Schnell gemacht und doch etwas Besonderes, ist diese Suppe auch für Anfänger gut umsetzbar.

ZUTATEN FÜR 6 GLÄSER À 290 ML

50 ml Sesamöl • 3 Zwiebeln • 10 g Ingwer • 100 g Erdnussbutter oder Kokosfett
400 ml Kokosmilch • 2 Dosen (je 400 ml) Tomaten, gewürfelt • 350 ml Gemüsesuppe

1. Das Sesamöl erhitzen, die klein geschnittenen Zwiebeln darin glasig andünsten, den Ingwer hineinreiben und mitdünsten.
2. Die Erdnussbutter (oder das Kokosfett) unterrühren und kurz erhitzen, dann die Kokosmilch, die Tomaten und die Suppe hinzufügen, 30 Minuten köcheln lassen und mit dem Stabmixer passieren.
3. In vorbereitete Gläser füllen und verschließen.
4. Bei 75 °C 60 Minuten einkochen.

TIPPS: Vor dem Servieren die Suppe mit Schlagobers (Sahne) verfeinern.

Versuchen Sie die Suppe gerne auch mit gebratenen Scampi als Einlage oder vegan mit gebratenem knusprigen Reis!

Wiener KARTOFFELSUPPE

Die typische Wiener Gasthaussuppe, ideal wenn es draußen kalt ist: Diese Suppe gibt Kraft und stärkt und lässt sich perfekt einkochen! Kartoffeln sind außerdem ein optimaler Energiespender!

ZUTATEN FÜR 4 GLÄSER À 580 ML

1 Bund Wurzelwerk (je 1 gelbe Rübe/Karotte/Sellerie)
1 mittelgroße Zwiebel (ca. 100 g) • 100 g Bauchspeck
200 g Kartoffeln, festkochend • 100 g Kartoffeln, mehlig • Öl
1,5 l Rindsuppe • 100 g Pilze (Champignons, Steinpilze o. Ä.)
Salz, Pfeffer, Majoran, Kümmel, gerieben

1. Das Wurzelwerk, die Zwiebel und den Speck kleinwürfelig schneiden, ebenso die Kartoffeln.
2. In wenig Öl die Zwiebel, den Speck und nach 1–2 Minuten das Wurzelwerk anrösten – Vorsicht, nicht zu dunkel werden lassen, sonst entsteht ein bitterer Beigeschmack.
3. Mit Rindsuppe aufgießen und aufkochen. Jetzt die Kartoffeln und die Pilze zufügen, weitere 10 Minuten kochen lassen, mit den Gewürzen abschmecken und in die vorbereiteten Gläser füllen.
4. Die Suppe bei 100 °C 60 Minuten einkochen.

TIPP: Vor dem Servieren mit einem Löffel Sauerrahm (saure Sahne) verfeinern und mit Petersilie bestreuen – das peppt die Suppe unheimlich auf!

Wiener SUPPENFLEISCH

ZUTATEN FÜR 6 GLÄSER À 580 ML
1 kg Rindersuppenfleisch (weißes Scherzel/Oberschale)
1 kg Rinderknochen in Stücken • Salz und Pfefferkörner
Lorbeerblätter, Piment (Neugewürz) • ½ festkochende Kartoffel
500 g Lauch • ½ Karotte (Möhre) • 500 g Knollensellerie • 2 Zwiebeln
Öl zum Anbraten • 1 Bund Petersilie

1 Das Fleisch und die Knochen unter kaltem Wasser abwaschen, einen großen Topf mit kaltem Wasser füllen, das Fleisch und die Knochen hineingeben und einmal aufkochen lassen. Dann die Hitze reduzieren und ca. 1,5 Stunden leicht köcheln lassen.
Den aufsteigenden Schaum immer wieder abnehmen. Das Fleisch und die Knochen sollten immer mit Wasser bedeckt sein – daher eventuell nachfüllen.

2 Nach 1 Stunde Salz und die Gewürze dazugeben, nach 1,5 Stunden die Knochen herausnehmen.

3 Das Gemüse putzen und in nicht zu kleine Stücke schneiden, zuerst die ungeschälten halbierten Zwiebeln, dann zusätzlich das Gemüse in etwas Öl kurz anbraten und danach in den Suppentopf geben. 1 weitere Stunde leicht sieden lassen.

4 Die geschälten und in Stücke geschnittenen Kartoffeln zur Suppe hinzufügen und weitere 30 Minuten leicht köcheln lassen.

5 Nach insgesamt 3 Stunden Kochzeit ist die Suppe fertig. Das Fleisch herausheben und in kleine Stücke schneiden, die Kartoffeln sowie das Gemüse mit einem Schaumlöffel ebenfalls aus der Suppe herausheben und gemeinsam mit dem Fleisch in die vorbereiteten Gläser aufteilen.

6 Die Suppe durch ein feines Sieb ebenfalls auf die Gläser aufteilen und diese dann verschließen.

7 Einkochen bei 120 °C für 90 Minuten.

Das ist neben dem Tafelspitz (Schwanzstück/Hüftdeckel) und dem berühmten Wiener Schnitzel einer der Klassiker und in jedem echten Wirtshaus in Wien auf der Karte zu finden. Das weiße Scherzel (der hintere Teil der Oberschale) ist etwas günstiger als der Tafelspitz, aber steht diesem geschmacklich um nichts nach. Es gibt sogar nicht wenige Wiener, die dieses Stück Fleisch wesentlich besser finden.

Serviert mit einem gerissenen Kren (Meerrettich) und einem getoasten Schwarzbrot, auf dem sich eventuell noch das Mark der Rindknochen befindet, eine Delikatesse. Schade, dass sich nur die Suppe einkochen lässt.

GRÜNE LINSEN-TOMATEN-*Fleisch-Suppe*

ZUTATEN FÜR 6 GLÄSER À 580 ML

450 g Hühnerfleisch, klein gewürfelt • Olivenöl • Salz • 2 Melanzani (Auberginen)
3 große Zwiebeln • 2 Knoblauchzehen • 1 Chilischote
Zimt, gemahlen, Kreuzkümmel, gemahlen • Zucker
3 Dosen (400 g) geschälte und gewürfelte Tomaten (Pelati) • 1 l Gemüsefond • Pfeffer
400 g grüne Linsen, auch Tellerlinsen (schon am Vorabend in Wasser eingelegt)
oder aus der Dose (2 x à 400 g) • 40 g Rosinen
je 1 Bund Petersilie und Koriandergrün • Saft von 2 Limetten

1 Die Hühnerfleischstücke in einer Pfanne mit Olivenöl bei starker Hitze kurz anbraten, salzen, herausnehmen und beiseitestellen.

2 Die Melanzani in Scheiben schneiden und auf einem Brett mit Salz bestreuen (damit verliert sie die Bitterstoffe).

3 Die Zwiebeln, den Knoblauch sowie den Chili (ohne Kerne) sehr klein würfeln und in etwas Olivenöl glasig dünsten. Zimt, Kreuzkümmel und Chili zugeben und kurz mitdünsten. 1–2 TL Zucker zugeben und leicht karamellisieren lassen. Die Hühnerfleischstücke, die Dosentomaten und den Gemüsefond zugeben, salzen, pfeffern und ca. 20 Minuten leicht köcheln lassen.

4 Die Melanzani abwaschen, mit einer Küchenrolle trocken tupfen und in ca. 2 cm große Würfel schneiden. Olivenöl in einer Pfanne erhitzen und die Melanzanistücke bei starker Hitze kurz anbraten. Mit Salz und Pfeffer würzen und beiseitestellen. Die Tellerlinsen in einem Sieb mit kaltem Wasser abspülen und abtropfen lassen.

5 Die Rosinen und die Linsen zur Suppe geben und zugedeckt 15–20 Minuten mitgaren. Die Melanzanistücke nach 15 Minuten zufügen.

6 Petersilienblätter abzupfen, zusammen mit dem Koriander ganz fein hacken, mit dem Limettensaft gemeinsam in die Suppe geben, abschmecken, in die vorbereiteten Gläser füllen und verschließen.

7 Bei 120 °C 120 Minuten einkochen und danach sofort aus dem Einkochtopf, Automaten oder Backofen herausnehmen und auskühlen lassen.

Diese Suppe habe ich in einem arabischen Restaurant als Spezialität gegessen, und da mir diese Gewürzmischung richtig gut geschmeckt hat, wollte ich diese nachkochen. Ich habe einige Male herumprobieren müssen, aber jetzt finde ich, dass ich „das Original“ fast erreicht habe. Mittlerweile ist dieses Gericht in unser Standard-Einkoch-Sortiment aufgenommen worden.

Suppengewürz

Eine Suppenwürze selbst zu machen ist mehr als einfach, ein weiterer Vorteil ist, dass man weiß, was man verarbeitet hat, und nicht wie bei den gekauften Würzmitteln, wo unzählige E-Nummern den echten Inhalt zu verschleiern versuchen, im Dunkeln tappt.

ZUTATEN FÜR 4 GLÄSER À 160 ML

250 g Karotten (Möhren) • 250 g gelbe Rüben • 200 g Knollensellerie
150 g Knoblauch • 2 Zweige Petersilie • 100 g Salz • 2 EL Öl

1. Alle Zutaten möglichst klein hacken, am einfachsten geht das in der Küchenmaschine.
2. Den Gemüsebrei mit Salz und 2 EL Öl vermischen.
3. In vorbereitete Gläser füllen, darauf achten, dass sich keine Lufteinschlüsse bilden, und verschließen.
4. Bei 75 °C 45 Minuten einkochen.

ITALIENISCHER *Fenchelauflauf* IM GLAS (VEGAN)

ZUTATEN FÜR 2 GLÄSER À 580 ML

350 g Fenchel, gut gewaschen • 150 g Kirschtomaten • 150 g getrocknete Tomaten
Schale und Saft von 1 Bio-Zitrone
250 g Mandelmus (gut umgerührt vor dem Abwiegen) • 250 ml Olivenöl • Salz, Pfeffer
2 rote Zwiebeln • 1 Knoblauchzehe • frischer Oregano, Thymian, Dille – je 1/2 Bund
1 Messerspitze getrocknetes Chilipulver

1. Den Fenchel in nicht zu dünne Scheiben schneiden (zwischen 0,5 und 1 cm) und von beiden Seiten in einer Grillpfanne grillen (noch besser wäre es am echten Grill wegen der Röstaromen).
2. Die Kirschtomaten halbieren, die getrockneten Tomaten klein schneiden. Die Bio-Zitrone auspressen und dann die Schale mittels einer kleinen Reibe abreiben, bis Sie ca. 1 Teelöffel Schale haben.
3. Das Mandelmuss mit Olivenöl, Zitronensaft, den getrockneten Tomaten, der abgeriebenen Zitronenschale sowie Salz und Pfeffer vermischen.
4. Die Zwiebeln und den Knoblauch schälen, fein hacken und in einem Schuss Olivenöl glasig erhitzen lassen – sobald sie Farbe annehmen, die Hitzequelle ausschalten und weiter im Olivenöl schmoren lassen.
5. Die Kräuter fein hacken und gemeinsam mit der ausgekühlten Zwiebel-Knoblauch-Mischung, dem Chilipulver und dem Mandelmus vermengen.
6. In den vorbereiteten Gläsern den Boden mit dem gegrillten Fenchel bedecken, darauf die halben Kirschtomaten geben, dann das Mandelmus daraufgeben und wieder mit Fenchel weitermachen. Diese Schichten bis ca. 4 cm unter die Glasmündung wiederholen – die Abschlussschicht sollte Mandelmus sein.
7. Die Gläser verschließen und bei 200 °C 55 Minuten im Backofen (auf einem Backblech oder in einer Backform mit Wasser) einkochen.

TIPP: Damit die Gummiringe bei dieser hohen Temperatur geschont werden, bitte ein nasses Geschirrtuch um die Gläser legen! Alternativ können Sie natürlich auch TO-Gläser mit für hohe Temperaturen geeigneten Deckeln verwenden (siehe Seite 33).

So ein Einkochglas kann mich gedanklich rasch nach Rom bringen, schon die alten Römer haben Fenchel als Knabberzeug gegessen. Aber diese Mischung aus Tomaten und Fenchel hat es wirklich in sich: Sie schmeckt leicht nach Fenchel, mit der leichten Säure der Zitrone, der Süße der getrockneten Tomaten, aromatisch und – die Veganer möchten mir das verzeihen – so überhaupt nicht vegan oder gesund.

Krautgulasch
(KOHLGULASCH)

Hier eine Abwandlung des sonst berühmten Szegediner Krautfleischs, meine Großmutter kochte dieses Gericht meist zur Weinlese, wenn viele Helfer verköstigt werden mussten. Kurz vor dem Servieren gab es noch einen kräftigen „Klecks" Sauerrahm (saure Sahne) auf jeden Teller.

ZUTATEN FÜR 4 GLÄSER À 850 ML

750 g Schweineschopf (ohne Schwarte) • 200 g Frühstücksspeck
1 Weißkrautkopf (Weißkohl), ca. 1 kg • 100 g Zwiebeln • 1 Knoblauchknolle
500 g Kartoffeln, mehlig • 100 g Schmalz (Butterschmalz) oder Öl
2 TL Paprikapulver, edelsüß • 1 TL Paprikapulver, geräuchert
Kümmel, ganz oder gemahlen • 50 ml Essig • 100 g Tomatenmark • Salz, Pfeffer
1,5 l Rindsuppe • Majoran

1. Das Fleisch würfelig schneiden, den Frühstücksspeck kleinwürfelig schneiden, beim Kraut den Strunk entfernen und nudelig schneiden. Ebenso die Zwiebeln, den Knoblauch und die Kartoffeln kleinwürfelig schneiden.
2. Zuerst das Fleisch im heißen Schmalz oder Öl in einem großen Topf anbraten, herausheben, anschließend die Zwiebeln, Speckwürfel und den Knoblauch im Fleischsaft anschwitzen, Paprikapulver und Kümmel untermischen, nach wenigen Augenblicken mit Essig ablöschen. Das Tomatenmark untermischen, salzen, pfeffern und dann mit der Suppe aufgießen.
3. Das Fleisch wieder in den Topf geben, das nudelig geschnittene Kraut und die Kartoffeln beigeben, mit Majoran abschmecken und alles ca. 2 Stunden zugedeckt köcheln lassen.
4. In die vorbereiteten Gläser einfüllen, verschließen und bei 120 °C 90 Minuten einkochen.

TIPP: Nach dem Erwärmen und vor dem Servieren (auch im Glas) etwas Sauerrahm (saure Sahne) mit Chili vermischen und 1–2 Löffel pro Portion dazugeben, dann wird dieses Menü elegant feurig.

SÜSSKARTOFFEL-Hühnereintopf

Wer nicht genug von asiatischen Suppen bekommen kann, der findet hier eine Variante mit Süßkartoffeln, die natürlich auch mit abgebratenem Topinambur sehr gut schmeckt. Der Sherry passt hervorragend zu den Brataromen mit Erdnussöl.

ZUTATEN FÜR 6 GLÄSER À 580 ML

1 EL Sesamöl • 2 EL helle Sojasauce • 50 ml Sherry
1 kg Hühnerkeulen, vom Knochen gelöst • Erdnussöl
2 Lauchstangen, in 1 cm dicke Scheiben geschnitten
2 Karotten (Möhren), in 5 mm dicke Scheiben geschnitten
1 Knoblauchzehe, fein gehackt • 7 cm frischer Ingwer, ganz fein gehackt
350 g asiatische Pilze oder Steinpilze • 500 g Süßkartoffeln, in Würfel geschnitten
750 ml Hühnerbrühe • Salz, Pfeffer

1. Sesamöl, Sojasauce und Sherry vermengen und mit den abgelösten Hühnchenstücken in einem verschlossenen Gefrierbeutel über Nacht im Kühlschrank marinieren.
2. Am nächsten Tag das Fleisch aus der Marinade (aufheben) nehmen und in einem Wok mit etwas Erdnussöl in mehreren Portionen anbraten, beiseitestellen.
3. In einem Schmortopf etwas Erdnussöl erhitzen, Lauch, Karotten, Knoblauch und Ingwer ein wenig darin anbraten, die klein geschnittenen Pilze sowie die aufgefangene Fleischmarinade zugeben und kurz mitrösten. Das Fleisch und die Süßkartoffeln hineingeben und die Hühnersuppe angießen. Alles zusammen mit ein wenig Salz und Pfeffer würzen und ca. 20 Minuten sanft köcheln lassen.
4. Den Eintopf in saubere Gläser abfüllen und mit Glasdeckeln verschließen.
5. Noch 60 Minuten im Einkochtopf oder im Wasserbad im Backofen bei 100 °C sterilisieren.

TIPPS: Dazu passen Reis oder chinesische Eiernudeln sehr gut.

Wenn die Suppe nicht sämig genug ist, können Sie diese kurz vor dem Servieren mit etwas Speisestärke (zuerst in kaltem Wasser gelöst) eindicken (dann aber nicht mehr einkochen!).

Chili con Carne

Ein Liedertext eines Wiener Originals lautet „übersetzt":
Chili con Carne – so heiß, so scharf – dass ich noch lang davon träume ...
(Kurt Ostbahn – Ostbahn Kurti)

Mein Rezept, um meine Pokerfreunde zum „Schwitzen" zu bringen und damit man lange wach bleiben kann ... aber nicht vergessen, der nächste Tag kommt bestimmt.

ZUTATEN

500 g Zwiebeln • etwas Sonnenblumenöl
1,5 kg gemischtes Faschiertes (Rinderhack und Schweinehack, 50 : 50)
250 ml Rotwein • 2 große Chilischoten – je nach Geschmack • 1,5 l Rindsuppe
3 Dosen geschälte, gehackte Tomaten (Pelati) • 400 g Mais (gerne aus der Dose)
400 g Käferbohnen oder Kidney-Bohnen (gerne aus der Dose)
800 g weiße Bohnen (gerne aus der Dose)
Salz, Pfeffer, Majoran

1. Die Zwiebeln schälen, klein würfeln und in einem großen Topf in etwas Öl glasig andünsten, die Hitze stark erhöhen und das Faschierte anbraten, immer wieder große „Fleischklumpen" teilen. Wenn das Fleisch angebraten ist, mit Rotwein ablöschen. Bei den Chilis die Samenstränge und Kerne entfernen und die Schoten klein würfeln.

2. Nach 2–3 Minuten mit der Rindsuppe aufgießen, alle übrigen Zuaten in den Topf geben und 50 Minuten bei schwacher Hitze köcheln lassen.

3. Das Chili con Carne abschmecken, in die vorbereiteten Gläser füllen und verschließen.

4. Bei 120 °C 120 Minuten einkochen.

TIPP: Vorsicht beim Würzen: Chili con Carne ist ein Gericht, das mit jedem Erwärmen zwar immer besser schmeckt, aber auch immer intensiver wird!

SAUCEN UND CHUTNEYS

PASTASAUCEN IM GLAS

Ein Tag ohne Pasta ist ein schlechter Tag! Ich liebe Nudeln in den unterschiedlichsten Formen und den dazugehörenden Sugi (Plural von Sugo). Aber, so viel Sport kann ich leider gar nicht machen, dass man das nicht sehen würde. Die Möglichkeit, viele dieser Nudelsaucen für den schnellen Bedarf einzukochen, ist dennoch phantastisch, ebenso die schnelle Verfeinerung beim Aufkochen, wie etwa zum Beispiel bei der einfachen Tomatensauce. Diese wandelt sich schnell mit ein paar Stück kurz angebratenen Speckwürfeln und Chili in eine scharfe Sauce all'arrabbiata. Verfeinert mit viel frischen Kräutern wird daraus in Windeseile eine herrliche Sauce al pomodoro. Ihren eigenen Ideen sind so wieder einmal keine Grenzen gesetzt, ich kann Ihnen nur raten, probieren Sie aus, es kann nichts schiefgehen!

Sugi und Saucen auf Vorrat zu kochen, ist sehr einfach, Sie brauchen entweder nur die übrig gebliebene Saucen einkochen oder eine große Menge auf einmal herstellen.

TIPP: AUF QUALITÄT ACHTEN

Verwenden Sie keine billigen Nudeln, diese werden meist mit neuen Edelstahlformen produziert! Früher wurden nur Kupferformen in den Mühlen verwendet, diese haben den Vorteil, nicht glatt zu sein, sondern leichte Wellen und Unebenheiten zu haben. In den damit hergestellten Nudeln kann der Sugo deshalb „kleben" bleiben.

Seit in Italien wieder mehr auf Regionalität geachtet wird, sind solche Nudeln aus diesen alten Kupferformen auch wieder mehr gefragt. Vor allem kleinere Nudelproduzenten produzieren wieder nach alten Rezepturen und diese erstklassigen Pastanudeln in den verschiedensten Formen sind auch bei uns zu erwerben.

TIPPS: DECKEL UND GLASGRÖSSE

Achten Sie unbedingt auf die Deckel! Bei diesen Gerichten ist ein Glasdeckel oder ein für fetthaltige Produkte geeigneter Deckel (100 ppm/SO_2) unbedingt erforderlich!

Ich verwende bei den Relishs, Pestos und Chutneys eher kleine Gläser, da größere Mengen selten auf einen Satz aufgegessen werden!

Gurkenrelish

Dieses Relish passt ebenso perfekt zu asiatischen Gerichten wie in einen Hamburger oder zu einem kalten Roastbeef. Die frischen, aromatischen Kräuter in Verbindung mit der Salatgurke gehen eine perfekte Symbiose mit den Senfkörnern ein – leicht säuerlich, ein wenig Schärfe und doch außergewöhnlich frisch schmeckend! Dieses Gurkenrelish darf bei uns bei keinem Grillabend fehlen, sonst sehe ich echt enttäuschte Gesichter. Eine der wenigen Saucen, die immer vollkommen ausgelöffelt sind, dabei ist sie so leicht und schnell zuzubereiten.

ZUTATEN FÜR 4 GLÄSER À 160 ML

300 ml Wasser • 50 g Zucker
150 ml Essig (ich nehme hier einen Wiener Gurkenessig)
10 g Senfkörner • 1 Salatgurke • 150 g Zwiebeln, gelb • je ½ Bund Dille und Estragon
100 g eingelegte Essiggurken • Salz

1 In einem Topf das Wasser mit dem Zucker und dem Essig aufkochen. Die Senfkörner in einem Mörser zerstoßen und in das Essigwasser geben. 10 Minuten kochen lassen.

2 Die Salatgurke und die Zwiebeln schälen und sehr klein schneiden. Die Kräuter von den Stielen zupfen und klein hacken, ebenso die Essiggurken klein schneiden.

3 Alles in einen Topf geben, abschmecken und 5 Minuten ziehen lassen! (Achtung: Beim Einkochen wird der Geschmack intensiver!)

4 Nicht zu heiß in die vorbereiteten Gläser füllen und sofort verschließen.

5 Bei 90 °C 40 Minuten einkochen.

TIPP: Variieren Sie die Kräuter und den Essig: Für ein thailändisches Gurkenrelish verwenden Sie Reisessig, Zitronenbasilikum, Kaffernlimettenblätter, Ingwer und Chili (statt der oben genannten Zutaten).

D.B.P.

Pflaumenchutney

Für mich soll dieses Chutney fruchtig-süß, aber mit etwas Schärfe sein, damit es gut zu Roastbeef, Steaks, Schweinsbraten, Wildgerichten und reifen, kräftigen Käsesorten passt!

ZUTATEN FÜR 6 GLÄSER À 290 ML

1 kg Pflaumen • 700 g Zwiebeln, fein gewürfelt • 100 g Ingwer, fein gerieben
50 ml Olivenöl • 600 g Rohrzucker • Salz • 20 g (2 TL) Chili, gemahlen
400 ml Weißweinessig • ¼ Bund Thymian, fein gehackt
¼ Bund Rosmarin, fein gehackt • Pfeffer

1. Die Pflaumen waschen, halbieren, entsteinen und in kleine Stücke schneiden. Die Zwiebeln und den Ingwer schälen und fein würfeln.
2. Zwiebeln und Ingwer im heißen Öl andünsten, die Pflaumen unterrühren, kurz mitdünsten, den Zucker zugeben und unter Rühren schmelzen lassen.
3. Mit Salz und Chiliflocken würzen, den Essig hinzugießen und unter gelegentlichem Rühren rund 25 Minuten köcheln.
4. Das Chutney mit den Kräutern und dem Pfeffer abschmecken, heiß in vorbereitete Gläser füllen und verschließen.
5. Bei 90 °C 60 Minuten einkochen.

TIPP: Dieses Rezept lässt sich für fast alle Chutneys beliebig abwandeln. Nehmen Sie doch Birnen oder Feigen, variieren Sie mit den Kräutern und/oder der Schärfe.

SÜSS-SCHARFES *Tomatenchutney*

Eines der Chutneys, die immer passen! Probieren Sie dieses Chutney doch mit Bruschetta (getoastetes, mit Knoblauch abgeriebenes italienisches Weißbrot) aus. Diese fruchtige Süße, die einen Augenblick später von einer angenehmen Schärfe mit wenig Säure abgelöst wird, ist auch für jene unter uns ein Hit, die nicht ganz so gerne scharf essen.

ZUTATEN FÜR 6 GLÄSER À 160 ML

250 g Tomaten, eventuell gemischte Sorten, gewürfelt • 250 g Charlotten, fein gehackt
2 Knoblauchzehen, fein gehackt
1 Apfel, säuerlich, ohne Schale und Kerne, klein geschnitten • 2 TL gelbe Senfkörner
3 Nelken • 1 Vanilleschote, Mark herausgekratzt • 3 cm frischer Ingwer, gerieben
150 g Rosinen • Meersalz, frisch gemahlener Pfeffer
250 ml weißer Balsamico-Essig oder Tomatenessig • 100 g brauner Zucker
2 rote Chilischoten, klein gewürfelt

1. Alle Zutaten, ausgenommen der Chili und der Zucker, mit der Hälfte des Essigs aufgießen und zum Kochen bringen.
2. Nun unter ständigem Rühren den Zucker hinzufügen, auflösen und bei mäßiger Temperatur unter gelegentlichem Rühren ca. 45 Minuten köcheln. Dann mit dem restlichen Essig aufgießen und so lange kochen, bis eine schöne Chutneykonsistenz entsteht.
3. Am Schluss die gewürfelten Chilischoten zugeben und das Chutney in die vorbereiteten Gläser füllen.
4. Das Chutney bei 80 °C 45 Minuten einkochen.

TIPP: Das Chutney passt hervorragend zu Gegrilltem, zu Käse und Wildbraten.

Marillen-
(APRIKOSEN-)CHUTNEY

Es gibt Jahre, da trägt unser Marillenbaum unglaublich viele Früchte, sodass ich schon verzweifle: Einerseits kann man nie genug Marmelade haben, andererseits, immer Marmelade, Kompott oder Röster ist auch fad, so habe ich dieses Chutney ausprobiert und will es seitdem nicht mehr missen.

ZUTATEN FÜR 6 GLÄSER À 290 ML

2,5 kg frische Marillen (Aprikosen), entkernt • 6 Knoblauchzehen
250 g frischer Ingwer • 500 g gelbe Zwiebeln • 2 TL Senfkörner
3 Chilischoten (ich suche hier meist nicht zu scharfe wie gelbe Habaneros)
350 ml milder Obstessig (z. B. Marillen-/Aprikosenessig oder sehr milder Apfelessig)
500 g Zucker • 2 TL Salz • 1 TL gemahlener Zimt • 1 TL Cayennepfeffer
Saft von 1 kleinen Bio-Zitrone

1 Die Marillen waschen, entkernen und in Stücke schneiden, die Knoblauchzehen pressen, den Ingwer reiben. Die Zwiebeln schälen und klein schneiden, 1 TL Senfkörner in einem Mörser leicht andrücken, nicht ganz zerstoßen.

2 Die Marillenstücke zusammen mit allen weiteren Zutaten bis auf den Zitronensaft in einem großen Topf (Achtung: Dieser muss säurebeständig sein!) erhitzen und unter gelegentlichem Umrühren leicht köcheln lassen, bis das Obst und die Zwiebeln weich sind und ein dickflüssiges Chutney entstanden ist.

3 Den Saft der Bio-Zitrone einrühren, in die vorbereiteten Gläser füllen, verschließen und einige Wochen durchziehen lassen.

4 Bei 90 °C 50 Minuten einkochen.

Olivencreme, SCHWARZ ODER GRÜN – TAPENADE

Wenn Sie schon einmal Frankreich besucht und erlebt haben, werden Sie sich sicher gerne an diese kleine Happen erinnern. Egal ob Sie im kleinen Bistro in Paris sitzen oder im Strandcafe in Biarritz (bekannter Strandort an der Atlantikküste in Südfrankreich) – meist werden kleine Stücke frisches Baguette mit dieser unglaublich leckeren Tapenade gereicht.

ZUTATEN FÜR 6 GLÄSER À 50 ML

500 g schwarze oder grüne Oliven, entsteint • 4–6 Anchovis (Sardellen)
50 g feine Kapern • 150 ml feinstes Olivenöl
6 Knoblauchzehen, gehackt • 2 Zweige Thymian, gehackt • Salz & Pfeffer
eventuell 1 Schuss Calvados oder Cognac

1. Wer es original und gemütlich mag, der stampft alle Zutaten in einem Mörser zu einer Paste. Schneller geht's im Mixer.
2. Die Paste in die vorbereiteten Gläser füllen und verschließen.
3. Bei 100 °C 60 Minuten einkochen.
4. Mit Olivenöl bedeckt hält die Tapenade im Kühlschrank einige Monate.

TIPP: Die Olivencreme einfach auf frisches Baguette schmieren und mit einem Pastis, dem bekannten Anisschnaps, genießen, ganz wie die Provenzalen.

Sugo Merquez

In Frankreich habe ich die eigentlich aus Marokko stammenden Bratwürste Merquez kennengelernt! In der maghrebinischen Küche nur aus Lammfleisch erzeugt, wird diese in Frankreich bevorzugte Variante mit einer Rind-Lammfleisch-Mischung serviert. Ich liebe diese grobe, mit Paprika vermischte Bratwurst, aber wirklich genial ist diese Mischung als Pastasauce mit Penne.

ZUTATEN FÜR 4 GLÄSER À 390 ML

1 kg Bratwürste Merquez (auch Merguez geschrieben) • 350 g gelbe Zwiebeln
1 Knoblauchknolle • Olivenöl • Salz, Pfeffer, Chili, Oregano • 250 ml trockener Rotwein

1. Die Haut von den Bratwürsten entfernen. Die Zwiebeln schälen, klein schneiden und gemeinsam mit dem geschälten, halbierten Knoblauch bei schwacher Hitze in Olivenöl anschwitzen.
2. Die Bratwürste mit einer Gabel zerteilen, die Hitze in der Pfanne stark erhöhen und die Bratwürste anbraten. Salz, Pfeffer, Chili und Oregano dazugeben und mit dem Rotwein aufgießen. 3–4 Minuten einköcheln lassen.
3. Nicht zu heiß in die vorbereiteten Gläser füllen und sofort verschließen.
4. Bei 120 °C 120 Minuten einkochen.

TIPP: Vor dem Servieren frische Kräuter zufügen, dann schmeckt es noch besser!

Tomatensauce
DIE BASISSAUCE

Ich versuche immer, nur sonnengereifte Tomaten für meine eigenen Saucen zu verwenden, diese sind einfach süßer und so muss ich keinen Zucker verwenden.

Wenn Sie diese Sauce als Grundsauce für andere Speisen, Suppen etc. verwenden wollen, rate ich Ihnen, keine Kräuter zuzufügen und so wenig wie möglich zu würzen. Beides ist nachträglich ebenso möglich!

ZUTATEN FÜR 6 GLÄSER À 390 ML

1,2 l geschälte Tomaten aus der Dose (z. B. Pelati) oder 1,75 kg frische Tomaten
300 g Zwiebeln • 4 Knoblauchzehen • 100 ml Olivenöl • 1 l Gemüsebrühe
Oregano, Thymian, Basilikum • Salz, Pfeffer
eventuell Zucker und Chili gemahlen, nach Geschmack

1. Wenn Sie frische Tomaten verwenden, dann die Tomaten kurz in kochendes Wasser legen, herausheben, in Eiswasser legen, schälen, den Strunk entfernen und entkernen (mit einer Flotten Lotte/Passiergerät).
2. Die Zwiebeln schälen und kleinwürfelig schneiden, den Knoblauch schälen, halbieren, beides in Olivenöl anschwitzen – den Knoblauch bitte nur leicht hellbraun werden lassen und dann aus dem Öl nehmen, sonst wird die Sauce bitter!
3. Die Tomatensauce aus den frischen Tomaten oder die Pelati direkt aus der Dose vorsichtig zum Öl gießen (Vorsicht, Spritzgefahr), die Gemüsebrühe hinzugießen und alles aufkochen.
4. Die fein geschnittenen Kräuter zufügen, mit Salz, Pfeffer, Zucker, Chili abschmecken und mit dem Stabmixer pürieren. Nochmals kurz aufkochen.
5. In die vorbereiteten Gläser füllen und verschließen.
6. Bei 100 °C 90 Minuten einkochen.

Tomatenketchup

Haben Sie schon einmal daran gedacht, Ketchup selber zu machen? Ich habe es eigentlich aus einer Not heraus im Garten auf die Schnelle probiert, denn die Kinder hatten sich mit Freunden zum Grillen angesagt. Ich hatte das Ketchup vergessen und wollte nicht zu irgendeiner Tankstelle fahren, um ein gewöhnliches Ketchup zu kaufen. Das Ergebnis war helle Begeistung bei den Kids!

ZUTATEN FÜR 4 FLASCHEN À 250 ML

1 große rote Zwiebel • 1 große gelbe Zwiebel • 1 roter Paprika • 1 Apfel
etwas Olivenöl • 800 ml passierte Tomaten • 200 g Zucker • 1 TL Honig
2 Lorbeerblätter • 50 ml milder Obestessig • Salz • Zimt, gemahlen

1 Die Zwiebeln schälen und möglichst klein schneiden, den Paprika mit einem Sparschäler schälen, halbieren, die Samenstränge sowie die Kerne entfernen und den Paprika klein schneiden. Ebenso den Apfel schälen, das Gehäuse und die Kerne entfernen und den Apfel klein schneiden.

2 Die Zwiebeln in wenig Olivenöl glasig andünsten, den Paprika sowie den Apfel hinzufügen und bei wenig Hitze dünsten. Nach 3 Minuten die passierten Toamten sowie Zucker, Honig, Lorbeerblätter und den Essig hinzufügen und 10 Minuten köcheln lassen.

3 Die Lorbeerblätter entfernen, mit Salz und einer Prise Zimt abschmecken, in die vorbereiteten Flaschen füllen und verschließen.

4 Bei 90 °C 45 Minuten einkochen.

WECK

Paprikasauce

Eigentlich eine Abwandlung des beliebten Ajvar aus dem Kroatienurlaub! Dort wird diese Sauce statt Ketchup zu gegrilltem und abgebratenem Fleisch serviert. Aber wenn Sie diese aromatische, wunderbar süße, leicht scharfe Sauce Ihren Liebsten über Spaghetti servieren, mit etwas Grana (Hartkäse) bestreut, werden alle begeistert nach mehr fordern!

ZUTATEN FÜR 6 GLÄSER À 390 ML

1,5 kg Paprika • 350 g Zwiebeln • 2 Knoblauchzehen • 1,5 l Gemüsebrühe
Salz und Pfeffer • Chili, gemahlen, nach Geschmack

1. Die Paprika halbieren, entkernen und im Backofen bei 180 °C rösten, bis die Haut schwarz wird und Blasen wirft, und die Haut dann abziehen.
2. Die Zwiebeln und den Knoblauch schälen, dünsten, die Paprika dazugeben und so viel Gemüsebrühe dazugießen, bis die Paprika gut bedeckt sind.
3. Mit Salz, Pfeffer und Chilipulver würzen, eventuell mit etwas Zucker abschmecken, weich kochen und mit dem Stabmixer pürieren.
4. In die vorbereiteten Gläser füllen und verschließen.
5. Bei 100 °C 90 Minuten einkochen.

TIPP: Probieren Sie einmal diese Sauce auch statt der üblichen Tomatensauce auf einer Pizza – Sie werden überrascht sein!

FLEISCH, FISCH, PASTETEN UND WURST IM GLAS

PASTETEN IM GLAS

Denke ich an meine Kindheit zurück, kann ich mich nur an wenige Pasteten erinnern, einerseits an die in einem Keramiktopf bei der Wursttheke im Supermarkt (noch mit Bedienung), die war oben eher abschreckend mit Aspik verschmiert, in der Mitte eine verrunzelte Orangenscheibe, und andererseits muss ich dann an die herrliche Wildpastete mit Speckscheiben und Preiselbeeren meiner Großmutter denken.

Eine geschmacklich fein abgestimmte Pastete ist etwas Grandioses, etwas Wunderbares. Sie eignet sich sowohl immer als Vorspeise, wenn Gäste kommen, als auch genauso gut als Abendbrot.

Bitte fangen Sie beim Einkochen nicht gleich mit Pasteten an, man sollte unbedingt schon einige Einkochexperimente hinter sich haben, um Pasteten zu machen. Es hört sich leicht an, trotzdem passiert es auch erfahrenen Einkochern, dass sie dabei schnell ins Improvisieren kommen. Gerade dabei kann jedoch schon der kleinste Fehler große Auswirkungen haben.

Aber wer einmal eine Leberpastete selbst gemacht hat, wird kaum je wieder eine aus dem Supermarkt kaufen wollen. Die, zugegeben, ein wenig langwierige Arbeit wird aber durch diesen herrlichen Geschmack leicht wieder entschädigt!

DAS WICHTIGSTE BEI DER FLEISCHVERARBEITUNG

- Das Wichtigste ist, dass Sie absolut sauber und hygienisch arbeiten! Verwenden Sie bitte auf keinen Fall Holzbehelfe (wie Holzkochlöffel oder Holzbretter zum Schneiden), in den kleinen Poren des Holzes bleiben fast immer Bakterien zurück, denen Sie so ungewollt „Zutritt“ zum Fleisch gewähren.
- Bitte füllen Sie Ihre Gläser nie mehr als zu zwei Dritteln mit Pastete voll, beim Einkochen braucht dieser Füllinhalt – je nach Fettgehalt – mehr Platz!
- Ebenso achten Sie auf die Hitzekonservierung, Fleischprodukte haben einen wesentlich höheren Eiweißgehalt, achten Sie daher penibel auf die Dauer und die Temperatur (wenn Sie im Backofen oder in einem Topf einkochen, sollten Sie unbedingt ein zusätzliches Backofenthermometer verwenden). Der Einkochvorgang hat einen sehr großen Anteil an Veränderungen von Qualität, Geruch, Geschmack sowie auch auf die Produktfarbe!

ACHTUNG: Bei diesen Gerichten empfehle ich Ihnen, Gläser mit Glasdeckel zu verwenden. Nehmen Sie nach dem Einkochen und Abkühlen der Gläser die Klammern ab. Sollte etwas daneben gegangen sein, löst sich das Vakuum auf und der Deckel sitzt lose am Glas. Wenn der Glasdeckel fest am Glas sitzt, ist das ein sicheres Zeichen, dass alles perfekt gelungen ist.

Fleischbällchen (FRIKADELLEN) ODER KÖTBULLAR IM GLAS

Als meine Jungs noch jünger waren, war das Beste bei Ikea für sie: Kötbullar. Nachdem ich diese eines Tages selbst gemacht hatte, war ich wieder Koch Nr. 1 in der Beliebtheitsskala der beiden. Allerdings ein Vorteil von Ikea war, dass es die Kötbullar auch tiefgefroren gab, also musste ich mir was überlegen:

ZUTATEN FÜR 6 GLÄSER À 580 ML

2 große Zwiebeln • etwas Öl • 1 kg Rinderfaschiertes (Rinderhack) • 2 Eier
2 EL getrocknete Petersilie • 1 EL Thymian • 2 TL Kümmel, gemahlen
Salz und Peffer

1. Die Zwiebeln schälen und klein würfeln, in etwas Öl glasig andünsten und abkühlen lassen.
2. Das Rinderfaschierte in einer Schüssel mit den ausgekühlten Zwiebeln, zwei rohen Eiern und den Kräutern und Gewürzen mit der Hand gut vermischen.
3. Mit nassen Händen kleine Kugeln formen und in Öl herausbraten. Auf Küchenkrepp abtropfen und etwas auskühlen lassen.
4. In die vorbereiteten Gläser schlichten und verschließen.
5. Bei 120 °C 120 Minuten einkochen.

Indisches
SCHWEINE-VINDALOO
SCHARFES INDISCHES GERICHT MIT GEWÜRZPASTE (VINDALOO)

ZUTATEN FÜR 6 GLÄSER À 390 ML

VINDALOO: 7 cm frischer Ingwer, grob in Stücke geschnitten
8 Knoblauchzehen, grob gehackt • ca. 3–8 rote Chilischoten, je nach Schärfewunsch
3 TL Curcuma (Gelbwurz), gemahlen • 6 Kardamomkapseln, im Mörser zerstoßen
6 Nelken • 1 Zimtstange, ca. 5 cm • 10 g Pfefferkörner
1 gehäufter EL Koriander, gemahlen • 1 gehäufter EL Kreuzkümmel, Samen
1 EL Tamarindenpaste (ersatzweise den Saft von 1 großen Zitrone)
50 ml Weißwein- oder Apfelessig

FLEISCH: 1,5 kg mageres Schweinefleisch, in 2 x 2 cm große Stücke geschnitten
Vindaloo-Paste (wie oben beschrieben oder aus dem Asia-Laden)
500 g Zwiebeln, fein gehackt • 100 ml neutrales Öl • 3 TL Senfkörner • Wasser
10 Curryblätter • 1 Prise Zucker • Salz

1 Alle Zutaten für die Vindaloo-Paste in einem Mixer schön glatt verarbeiten. Eventuell zusätzlich Essig dazugeben, damit es eine schöne glatte Paste wird, die sich gut verstreichen lässt.

2 Das Fleisch mit der Hälfte der Paste gut vermischen und zugedeckt mindestens 3 Stunden, besser über Nacht, im Kühlschrank marinieren.

3 Die Zwiebeln im Öl in einem großen Schmortopf anrösten, die andere Hälfte der Gewürzmischung (Vindaloo) dazugeben und unter ständigem Rühren ein paar Minuten mitschmoren, bis alles schön duftet.

4 Das Fleisch und die Senfkörner beigeben, etwas mitrösten und so viel Wasser angießen, bis das Fleisch schön bedeckt ist. Bei niedriger Hitze ca. 90 Minuten weich schmoren.

5 Gegen Ende der Garzeit die Curryblätter 10 Minuten mitkochen und mit einer Prise Zucker und Salz abschmecken.

6 In die vorbereiteten Gläser füllen, verschließen und bei 120 °C 120 Minuten einkochen.

TIPPS: Dieses Gericht unbedingt mit Reis servieren.
Die Vindaloo-Paste frisch zubereiten, gekühlt hält sie einige Wochen im Kühlschrank.

Der Ursprung dieses Gerichtes, man mag es kaum glauben, liegt in Portugal! Dabei handelt es sich um eine spezielle Zubereitungsart von Schweinefleisch, dem „carne em vinha d'alhos", also eine besondere Form des Marinierens von Schweinefleisch.

Im Zuge der Kolonialherrschaft der Portugiesen in Mode gekommen, waren die Inder für das Gericht bald so sehr Feuer und Flamme, dass sich einige sogar zum Christentum bekehren ließen, damit sie auch Schweinefleisch zu sich nehmen durften … (zumindest, wenn man diesen Geschichten glauben darf!)

Damit heute diese Speise auch für Moslems und Hindus kein Problem darstellt, wird sie mittlerweile auch mit Hühnerfleisch bzw. Rindfleisch statt Schweinefleisch angeboten.

Das Wichtigste für ein Vindaloo ist die Gewürzpaste. Anhand der Zutaten ist auch ersichtlich, warum dieses Vindaloo ein besonders scharfes Gericht ist: Also keinesfalls Joghurt und Milch beim Genießen vergessen, irgendwer braucht diese „Goodies" immer!

Karibisches HUHN IM GLAS

Gleich vorweg: Dieses Rezept ist eine ziemliche „Patzerei", vor allem da die Schichten immer wieder zum Bekleckern führen.

Aber der Geschmack entschädigt für die ganze Arbeit. Und wenn Sie zusätzlich noch Ananasstücke in die Gläser legen, werden Sie beim Öffnen des Glases diese süß-nussig duftende, fruchtige Note riechen und sich sofort direkt in die Karibik träumen!

ZUTATEN FÜR 4 GLÄSER À 580 ML

600 g Hühnerbrust • 100 g Mehl • 350 g Käse, gerieben
150 g Toastschinken, geschnitten • eventuell 1 Dose Ananas, in Stücken

MARINADE: 1 Dose Kokosnusscreme • 4 Eier • Salz, Pfeffer

Öl zum Einstreichen der Gläser

1. Für die Marinade zunächst die Kokosnusscreme mit den 4 Eiern gut vermischen, salzen und pfeffern.
2. Die vorbereiteten Gläser innen gut mit Öl bestreichen.
3. Die Hühnerbrüste in der Mitte teilen, dann in fingerdicke Streifen schneiden, salzen und pfeffern.
4. Die Hühnerstreifen im Mehl wenden, durch die Marinade ziehen und die Streifen jetzt in die Gläser schlichten. Wenn die Bodenschicht voll ist, können nach Belieben einzelne Ananasstücke hineingeschichtet werden.
5. Die Fleischstücke mit dem geriebenen Käse bestreuen, darüber eine Schicht Toastschinken legen und darüber wieder eine Schicht Hühnerstreifen. Bitte lassen Sie ca. 3 cm bis zum Glasrand frei, den Abschluss sollte die Marinade bilden.
6. Die Gläser verschließen und bei 120 °C 120 Minuten einkochen.

TIPP: Dazu passt ein schneller Avocado-Mango-Tomaten-Salat oder auch gekochter Reis sehr gut!

Grüne Lasagne

Ursprünglich kommt das Wort Lasagne aus dem Lateinischen: *lasanum* bedeutet Kochtopf. Die Italiener meinen mit dem Wort, dass dieses Pastagericht in einem Topf serviert wird. Vielleicht ist diese Form doch eine der früheren typischen Lasagne sehr ähnliche Variante, ich bin überzeugt, dass sie Ihnen genauso unheimlich lecker schmecken wird wie mir. Die grünen Nudeln harmonieren mit dem Sugo Bolognese hervorragend – kurz vor dem Servieren einfach noch etwas (viel für mich) Parmigiano darauf und genießen!

ZUTATEN FÜR 12 GLÄSER À 390 ML

Sugo Bolognese, etwas flüssiger als für eine Pasta

350 g Zwiebeln, geschält und klein gewürfelt • Olivenöl
1 kg gemischtes Faschiertes (Rinder- und Schweinehack, 50 : 50) • 250 ml Rotwein
3 Dosen geschälte, gehackte Tomaten (Pelati) • 1 Chilischote
frischer Oregano, Thymian, Basilikum • Salz und Pfeffer • 2 Melanzani (Auberginen)

500 g getrocknete, grüne Lasagneblätter (die nicht extra vorgekocht werden müssen)
250 g Grana Padano, frisch gerieben, oder Parmesan

1. Die Zwiebeln in Olivenöl anschwitzen – nicht zu viel Farbe annehmen lassen–, das Fleisch dazugeben und mit dem Kochlöffel immer wieder zerkleinern, gut druchbraten, mit Rotwein ablöschen.
2. Die Tomatendosen dazugeben und wenige Minuten köcheln lassen. Die Chilischote halbieren, die Samenstränge und Kerne entfernen. Die Kräuter waschen, gut trocken schütteln, die Blätter abzupfen, die Chilischote und die Kräuter klein schneiden und in den Topf geben. Mit Salz und Pfeffer abschmecken.
3. Die Melanzani gut waschen und in ca. 0,5 cm dicke Scheiben schneiden, die Scheiben sollten in die Gläser passen, salzen und auf einem Brett 25 Minuten raten lassen, damit das Salz die Bitterstoffe aus den Melanzani herausholt.
4. In die vorbereiteten Gläser füllen: Zuerst ein wenig Sugo, dann die erste Lage Nudelblätter (die Blätter lassen sich gut brechen, wenn man vorher das umgedrehte Glas auf die Blätter stellt und mit einem Messer den Glasrand nachfährt), danach eine Lage Melanzani. Weiter mit Sugo, darauf den frisch geriebenen Käse, wieder Nudeln und Melanzani schichten. So weitermachen und mit viel Käse abschließen. Die Gläser verschließen.
5. Bei 120 °C 120 Minuten einkochen.

Soljanka
NACH KRONLÄNDER ART

Soljanka ist eigentlich eine ukrainische und weißrussische Spezialität, dennoch hat sich dieses Gericht auch in den umliegenden Ländern (in Polen, Ungarn und bis hin zur ehemaligen DDR) stark verbreitet. Der Grund dafür liegt darin, dass es sich um eine Art Spezialitätensuppe handelt. Dieser Suppeneintopf ist das perfekte Gericht für das Einkochen: Leicht und schnell zuzubereiten, sehr nahrhaft und je öfter es erwärmt wird, desto besser schmeckt es.

ZUTATEN FÜR 6 GLÄSER À 850 ML

750 g gesurtes (gepökeltes) Schweinefleisch/Kasslerbraten
350 g Huhn (Brust) oder Putenfleisch (Truthahn) • 250 g Schinkenspeck
1 Paar Debrecziner • 1 kg Paprika (ich bevorzuge Spitzpaprika) • 4 große Zwiebeln
4 Knoblauchzehen • 2 EL Paprikapulver, edelsüß • 1 TL Paprikapulver, scharf
20 ml Weinessig • 1,5 l Rindsuppe • 2 Lorbeerblätter, getrocknet
2 Dosen (je 400 ml) geschälte Tomatendosen (Pelati)
1 Glas (390 ml) Salzgurken
Majoran, Kümmel, gemahlen • Salz, weißer Pfeffer

1. Das Fleisch, den Schinkenspeck, die Debrecziner, die Paprika, die Zwiebeln und den Knoblauch klein schneiden (alle Zutaten getrennt beiseitestellen).
2. Das Schweinefleisch in einem großen Topf bei großer Hitze anbraten, aus dem Topf nehmen, dann das Huhn darin anbraten, herausnehmen, den Schinkenspeck und die Zwiebeln sowie den Knoblauch anbraten, Paprikapulver unterrühren, einige Sekunden mitbraten und anschließend mit Weinessig ablöschen.
3. Mit der Rindsuppe aufgießen, gut umrühren, dann das Schweinefleisch, das Huhn, die Debrecziner, den Paprika und die Lorbeerblätter dazugeben und köcheln lassen.
4. Die Tomatendosen öffnen und mit einem Messer die Tomaten vorsichtig etwas zerkleinern, in den Topf geben und köcheln lassen. Die Salzgurken klein schneiden, ebenso dazugeben, die Flüssigkeit der Salzgurken (Essigmischung) durch ein Sieb vorsichtig (Spritzgefahr) in den Topf gießen und mit Majoran, Kümmel, Salz und Pfeffer abschmecken.
5. Mehrere Stunden, am besten über Nacht, bei wenig Hitze köcheln lassen und in vorbereitete Gläser füllen.
6. Bei 120 °C 90 Minuten einkochen.

Steirisches KRENFLEISCH (MEERRETTICHFLEISCH)

Kren – dafür ist ein Teil der österreichischen Steiermark berühmt, interessanterweise ist die Region fast ident mit dem Anbaugebiet des steirischen Kernölkürbisses. Bitte den Kren aber nicht einkochen, er schmeckt wesentlich besser, wenn er frisch zum Gericht kommt.

Der Kren macht so herrlich die Atemwege frei, um dann erst den feinen Geschmacksnerven die Chance zu geben, dieses suppenartige Gericht auszukosten.

Dieses Gericht wird immer mit etwas (viel) Suppe serviert.

ZUTATEN FÜR 6 GLÄSER À 370 ML
3 Karotten (Möhren) • 3 gelbe Rüben • 3 große Kartoffeln, festkochend
250 g grüne Bohnen (Fisolen) • 1 große Zwiebel • 2 Knoblauchzehen
750 g Lungenbraten (Filet vom Schwein) • 1,5 l Rindsuppe • 1 Lorbeerblatt
Salz, Pfeffer, Petersilie • Alufolie

ZUM SERVIEREN: frischer Kren (Meerrettich), gerne auch mit einem Marillenchutney (siehe Rezept S. 158)

1 Die Karotten, gelben Rüben und Kartoffeln schälen, in 2,5–3 cm große Stücke schneiden, bei den grünen Bohnen die Enden abschneiden. Die Zwiebel in nicht zu dünne Ringe schneiden, die Knoblauchzehen schälen und halbieren.

2 Das Fleisch in ca. 5–7 cm große Teile schneiden, salzen, schnell bei hoher Hitze von allen Seiten anbraten, aus der Pfanne nehmen und in einer Alufolie verpackt warm stellen.

3 Im Bratenrückstand die Zwiebel, den Knoblauch und das Wurzelwerk ebenfalls kurz anbraten, dann mit der Suppe aufgießen, die Fisolen, Kartoffeln sowie die Fleischstücke hinzugeben, würzen und 20 Minuten leicht köcheln lassen.

4 Das Lorbeerblatt aus der Suppenflüssigkeit entfernen.

5 In jedes Glas 1–2 Stücke Fleisch und je 2 Stücke Karotte, gelbe Rübe usw. füllen, mit der Flüssigkeit aufgießen und verschließen. Bei 100 °C ca. 60 Minuten einkochen.

SÜSS-SCHARFES
Reisfleisch

Nach Pasta ist Risotto eine der bekannten italienischen Spezialitäten. Dass aber auch im deutschsprachigen Gebiet unter dem Namen Reisfleisch sehr leckere Varianten entstanden sind, wird oft vergessen. Ich habe hier als Basis die für mich besten Reissorten für ein eher traditionelles Reisfleisch verwendet. Das Ergebnis kann sich sehen lassen, ein cremiger, süßscharfer Risotto wird durch die traditionellen deutschen Gewürze zum echten Reisfleisch.

ZUTATEN FÜR 6 GLÄSER À 390 ML

1 gelbe Zwiebel • etwas Olivenöl • 200 ml Weißwein (Riesling oder Chardonnay)
350 g Risottoreis, Carneroli oder Arborio (dieser wird bei uns oft als Milchreis verkauft)
1 l Rindsuppe • 300 g Fleisch, Schwein (Bauch) oder Rind (Wade)
1 Dose Tomaten, geschält (Pelati)
50 g Tomaten, getrocknet, ersatzweise auch in Öl eingelegte Tomaten
1 EL Tomatenmark • 1 TL Paprikapulver, edelsüß
1 Chilischote (ersatzweise 1 Messerspitze gemahlener Chili) • Salz und Pfeffer
Kümmel, gemahlen, Majoran

1. Die Zwiebel schälen, klein würfeln und in einem großen Topf in wenig Öl andünsten – die Zwiebel soll keine Farbe annehmen. Den Reis dazugeben und mit den Öl-Zwiebeln gut vermischen. Mit dem Weißwein ablöschen und unter ständigem Rühren immer wieder mit der heißen Rindsuppe aufgießen.
2. In einer separaten Pfanne das gesalzene und in 2 x 2 cm große Würfel geschnitttene Fleisch kurz bei starker Hitze anbraten.
3. Die Dosentomaten zum Fleisch geben. Die getrockneten Tomatenstücke klein schneiden und ebenfalls zum Fleisch geben.
4. In den fast fertigen Reistopf die Fleisch-Tomaten-Mischung hinzufügen und mit Tomatenmark, Paprikapulver und dem klein geschnittenen Chili verbessern.
5. Mit Salz, Pfeffer, Kümmel und Majoran abschmecken, das Reisfleisch in die vorbereiteten Gläser füllen und verschließen.
6. Bei 100 °C 120 Minuten einkochen.

Wildschwein
IN ÖL

Danke an meinen Schwager Luca, der – selber Jäger in der Toskana – mir so ein Glas bei einem „brüderlichen“ Abendessen unter die Nase hielt und von dem Gericht der Etrusker sprach. Seit diesem Abend bin ich dem Glas Wildschwein verfallen, aber ich mache es mittlerweile auch mit Hirsch und Geflügel!

ZUTATEN FÜR 2 GLÄSER À 580 ML

2 Karotten (Möhren) • 2 gelbe Rüben • 2 Zweige Thymian • 2 Zweige Oregano
4 Knoblauchzehen • 500 g Wildschweinkarree (Rippenstück ohne Knochen)
1 l sehr gutes Olivenöl • Salz, Pfeffer

1. Das Gemüse schälen und in nicht zu kleine Stücke schneiden, so bleiben die Karotten und Rüben etwas bissfester!
2. Die Kräuter von den Zweigen abstreifen und grob hacken, die Knoblauchzehen schälen und halbieren.
3. Das Fleisch in 2 x 2 x 2 cm große Stücke schneiden und portionsweise in wenig Olivenöl kurz bei sehr hoher Hitze anbraten, sofort aus der Pfanne nehmen, würzen und gemeinsam mit dem Gemüse und den Kräutern in die vorbereiteten Gläser schlichten.
4. Mit Olivenöl aufgießen – Achtung auf die Füllhöhe!
5. Bei 120 °C 120 Minuten einkochen.

TIPP: Mit frischem Bufala (Büffelmozzarella), frischen Tomaten und Toskanabrot ein sensationelles Abendessen!

Daube de bœuf

PROVENZALISCHES RINDERGULASCH

Gulasch auf Französisch – sollte man meinen, aber dieses Gericht ist vielmehr eine Liebeserklärung an die Provence! Das Fleisch butterweich, die Sauce himmlisch aromatisch, mit der richtigen Musik im Hintergrund erleben Sie einen Kurzurlaub in die Provence!

ZUTATEN FÜR 6 GLÄSER À 580 ML

1,5 kg Fleisch für Rindergulasch (Wadschinken/Hesse), in 4 cm große Stücke geschnitten • 200 g Schweineschwarte, in 1 cm große Würfel geschnitten
3 EL Schweineschmalz • 4 Karotten (Möhren), in 1 cm dicke Scheiben geschnitten
1 Stück Stangensellerie, in 5 mm dicke Scheiben geschnitten • 3 Zwiebeln, geviertelt
4 Knoblauchzehen, gehackt • 1 l kräftiger Rotwein (z. B. ein Côte du Rhône)
500 ml Kalbs- oder Rinderfond • 5 Zweige Thymian, abgerebelt und gehackt
3 Zweige Rosmarin • 3 Lorbeerblätter
3 Zesten, fein abgeschälte Schale von 1 unbehandelten Orange • Salz und Pfeffer
100 g schwarze Oliven, entsteint

1. Das Fleisch und die Schwartenwürfel am besten in einem gusseisernen Schmortopf im Schmalz gleichmäßig anbraten.
2. Das Gemüse, die Zwiebeln und den Knoblauch zufügen, kurz mitrösten und mit dem Wein und dem Fond ablöschen. Alle Gewürze und die abgeschälte Orangenschale zugeben, die Oliven noch zurückbehalten.
3. Das Gulasch bei geringer Hitze am Herd oder im Ofen etwa 2 Stunden langsam schmoren. Nach 1,5 Stunden die entsteinten Oliven hinzufügen, noch 30 Minuten mitgaren.
4. Die Lorbeerblätter herausfischen, alles in saubere Gläser füllen, bei 120 °C noch 2 Stunden weitergaren und gleichzeitig sterilisieren.

TIPP: Dieses Gulasch schmeckt hervorragend, ganz schlicht im Geschmack. Es wird mit frischem Baguette serviert, so wie es die Provenzalen mögen.

STAUB
STAUB
STAUB

Bollito Misto

Für mich eines der besten Fleischsuppengerichte, die es gibt, daher hat es nicht lange gedauert, bis ich mein eigenes Bollito Misto für die Arbeit zum Mitnehmen ersonnen habe.

Dieses Bollito ist sicher nicht traditionell, aber dennoch mit den drei leicht erhältlichen, nicht allzu teuren Fleischsorten gemeinsam ein echter Gustoschmaus.

ZUTATEN FÜR 4 GLÄSER À 580 ML

500 g Rindfleisch (weißes Schulterscherzel/Schaufelstück) • 350 g Hühnerbrustfleisch
350 g Schweinslungenbraten (Schweinefilet) • 1,5 l Wasser • 2 Karotten (Möhren)
2 gelbe Rüben • 1 Steckrübe • 2 mittelgroße Kartoffeln • Öl • Wasser • Salz, Pfeffer
Petersilie, Dille

1. Alle Fleischsorten in 5 x 5 x 3 cm große Stücke schneiden. Mit dem Rindfleisch beginnen und dieses in einem großen Topf mit ca. 1,5 l kaltem Wasser zum Kochen bringen. Den aufsteigenden Schaum immer wieder abnehmen, ca 30 Minuten kochen lassen.
2. Das Gemüse sowie die Kartoffeln schälen, ebenfalls in ca. 3 x 3 cm große Stücke schneiden und in einer separaten Pfanne kurz und stark in wenig Öl anbraten und beiseitestellen. Die Kartoffeln in kaltem Wasser beiseitestellen.
3. Das Schweinefleisch in den Topf geben und weitere 30 Minuten köcheln lassen. Danach das Hühnerfleisch hinzufügen und weitere 15 Minuten kochen.
4. Das Gemüse und die Kartoffeln in den Topf geben und 15 Minuten mitkochen – eventuell mit wenig Wasser auffüllen.
5. Mit Salz und Pfeffer sowie Petersilie und Dille abschmecken, in die vorbereiteten Gläser füllen und verschließen.
6. Bei 120 °C 120 Minuten einkochen.

INDONESISCHES RINDERCURRY

Rendang

Rendang ist eigentlich kein echtes Curry, auf Sumatra gilt es als das Hauptgericht bei großen Festen wie etwa dem Fest des Fastenbrechens.

Es wird nicht nur aus Rind zubereitet, auch zahlreiche Variationen mit Huhn, Lamm oder auch Entenfleisch – auch verfeinert mit Obst und Gemüse – sind verbreitet.

2011 wurde das Gericht in einer Online-Umfrage von CNN zur weltweit beliebtesten Speise gekürt.

ZUTATEN FÜR 4 GLÄSER À 580 ML

3 TL Koriander, gemahlen • 1 TL Fenchel, im Mörser zerstoßen
4 Nelken, im Mörser zerstoßen oder gemahlen
1 knapper EL Kreuzkümmel, Samen im Mörser zerstoßen oder gemahlen
2 Dosen (je 400 ml) Kokosmilch
1,5 kg Rindfleisch (Gulasch- oder anderes Schmorfleisch), in 2 x 2 cm große Würfel geschnitten • 250 g Zwiebeln, fein gehackt
6 Knoblauchzehen, fein gehackt • 2 cm frischer Ingwer, gerieben
ca. 4 rote Chilischoten, je nach Schärfewunsch, fein geschnitten
2 Stangen Zitronengras, die äußere harte Schale abgepellt, klein geschnitten
Saft von 1 Zitrone • 1–2 TL Rohrzucker • Salz

1. In einer kleinen Pfanne die trockenen Gewürze ohne Fett kurz anrösten, bis sie duften.

2. In einem Schmortopf oder einem Wok 1,5 Dosen Kokosmilch bei niedriger Hitze unter ständigem Rühren so lange kochen, bis sie etwas eindickt und ca. ein Drittel der Flüssigkeit verdampft ist. Dann das Fleisch und alle anderen Zutaten beigeben.

3. 2 Stunden bei niedriger Hitze schmoren lassen. Gelegentlich umrühren und aufpassen, dass nichts anbrennt. Wenn das Curry zu sehr austrocknet, immer etwas von der verbliebenen Kokosmilch nachgießen. Das Curry ist fertig, wenn fast die ganze Flüssigkeit verdampft und das Fleisch schön weich ist. Nach Bedarf salzen.

4. In die vorbereiteten Gläser füllen, verschließen und bei 120 °C 120 Minuten einkochen.

TIPPS: Mit Reis und frischem Koriander servieren.

Sollte das Curry eventuell zu scharf sein, mit einem Klecks Sauerrahm (saurer Sahne) oder auch einem frischen Joghurt servieren!

Rindsgulasch

Der Ursprung des echten Eintopfs, aufgewärmt ist dieses Gericht aus der österreichischen Gasthaus- und „Beisl"-Szene nicht wegzudenken. Ein Klassiker in vielen Variationen und jede Familie hat ihr eigenes „Geheimrezept".

Mit frischen Kaisersemmeln (hellen runden Brötchen), Nockerln (Spätzle) oder auch Kartoffeln ein Genuss!

ZUTATEN FÜR 6 GLÄSER À 850 ML

1 kg Zwiebeln, geschält und klein geschnitten • 250 g Schweineschmalz
2 kg Gulaschfleisch (Wadl bzw. Wadschinken oder Schulter), nicht zu kleinwürfelig geschnitten • 2 EL Tomatenmark • 2 EL Paprikapulver, edelsüß
1 EL Paprikapulver, scharf • 100 ml Essig • 2 l Rindsuppe (notfalls auch Wasser)
Salz, Pfeffer, Kümmel, gemahlen, Majoran • 1 Lorbeerblatt
4 Knoblauchzehen, geschält und in 2 Hälften geschnitten
1 Pfefferoni- oder Chilischote, Samenstränge und Kerne entfernt und klein geschnitten

1. Die Zwiebeln in einem großen Topf im Schmalz bei mittlerer Hitze ca. 3 Minuten goldgelb anrösten.
2. Das Gulaschfleisch dazugeben und kurz von allen Seiten anbraten, das Tomatenmark und das Parikapulver hinzufügen – die Hitze verringern und gleich mit Essig ablöschen.
3. Mit warmer Suppe aufgießen, die Hitze wieder erhöhen, mit Salz, Pfeffer, Kümmel, Majoran, dem Lorbeerblatt, dem Knoblauch und etwas Pfefferoni- oder Chilischote vorsichtig würzen. Etwa 90 Minuten nicht zugedeckt leicht kochen lassen. Dann die Hitze etwas reduzieren.
4. In die vorbereiteten Gläser füllen und verschließen.
5. Bei 120 °C 120 Minuten einkochen.

TIPP: Bitte den Saft erst beim Servieren mit Mehl oder Stärke binden!

Thunfischtorte IM GLAS

Die Original-Thunfischtorte wird gerne zu Ostern gegessen. Ich finde, in der Kombination mit der Kokosnusscreme ist dieses Gericht eigentlich jeden Freitag möglich, so gerne esse ich diese Torte.

Dieses Gericht habe ich mal als Mitbringsel frisch zu Bekannten mitgenommen, als mehrmals das Wort interessant fiel, musste ich selber probieren: Ich habe einen süßen Mürbteig verwendet, also besondere Vorsicht, wenn Sie so wie ich Zeit sparen wollen und einen Fertigteig kaufen.

ZUTATEN FÜR 4 GLÄSER À 290 ML (REX-FACETTENGLAS)
2 Thunfischdosen, Natur • 250 ml Kokosnusscreme • 2 Eier • Salz, weißer Pfeffer
Muskat, Kardamom • 2 Packungen Mürbteig für Strudel (nicht süß!)

Öl, Backspray zum Einfetten der Gläser

1 Den Thunfisch gut abtropfen lassen, mit der Kokosnussmilch und den 2 Eiern gut vermischen, salzen, pfeffern, mit Muskat und Kardamom würzen und eventuell mit dem Stabmixer pürieren.

2 Die Gläser auf den Mürbteig legen, um die Größe der Teigkreise zu bestimmen, und aus dem Teig Kreise ausstechen oder ausschneiden, die Gläser einfetten und den Boden sowie die Seitenwände bis maximal zur Glashälfte mit dem Mürbteig auslegen.

3 Jetzt die Gläser mit der Thunfischmischung füllen und aus dem Mürbteig noch die Deckel ausschneiden und auf die Fülle legen. Die Seitenwände mit dem Mürbteigdeckel leicht zusammendrücken, dann den Teigdeckel mehrmals leicht einstechen.

4 Im Backofen bei 180 °C 25 Minuten backen. Die Gläser gut verschließen, mit den Klammern versehen und weitere 10 Minuten backen, danach sofort herausnehmen und abkühlen lassen.

Thunfisch
IN ÖL

Man kann dieses Gericht natürlich einkochen, viele südeuropäische Produzenten bieten Thunfisch in den unterschiedlichsten Qualitäten an. Für uns ist hier sowohl die Qualität und Frische des Fisches als auch des Olivenöls ein wichtiger Faktor, um ein außergewöhnliches Geschmackserlebnis zu erzielen.

ZUTATEN FÜR 6 GLÄSER À 290 ML

500 g frischer Thunfisch • grobes Meersalz • 2–3 Zitronen • 3 Knoblauchzehen
frischer Thymian, Rosmarin und einige Lorbeerblätter • Pfefferkörner
500 ml feinstes Olivenöl

1. Den Thunfisch in für die Gläser passende Stücke zerteilen, kräftig einsalzen und 1–2 Stunden gekühlt ruhen lassen. Das Salz kurz abwaschen und den Thunfisch in die vorbereiteten Gläser schlichten.

2. Die Zitronenschale mit dem Sparschäler in größeren Stücken abschälen und den Saft auspressen. Saft und Schalen auf die Gläser verteilen, der Tunfisch sollte komplett bedeckt sein. Noch einmal ca. 3 Stunden im Kühlschrank ruhen lassen. Der Tunfisch sollte nun weiß sein.

3. Zitronensaft und Zesten wieder abgießen, ein paar davon können im Glas verbleiben. Nun den ganz fein gehackten Knoblauch, die Kräuter und den im Mörser grob zerstoßenen Pfeffer in die Gläser auf den Thunfisch geben und mit Olivenöl vollständig bedecken. Die Gläser nun verschließen.

4. Bei 75 °C 60 Minuten einkochen.

TIPPS: Warten Sie 2 Wochen nach dem Einkochen, dann entfaltet sich erst das ganze Aroma!

Der Saft von frischen Bio-Zitronen gibt dann noch den letzten ultimativen Kick!

HERZ-Leber-Wurst

Für die Brettljause genauso geeignet wie für das kalte Abendessen! Ich bringe diese Gläser auch gerne meinen Arbeitskollegen für eine Jause mit, vor allem wenn ich etwas Besonderes benötige.

ZUTATEN FÜR 12 GLÄSER À 160 ML

100 g Zwiebeln • 250 g Schweineherz • 500 g Rinderleber
250 g Schweinebauchfleisch • Rindsuppe
5 g zerstoßene/gemahlene Senfkörner • 20 g Salz
Thymian, Petersilie, Majoran, Piment, gemahlen, Pfeffer, gemahlen

1. Die Zwiebeln schälen und grob zerkleinern, das Herz und die Leber unter fließendem Wasser kalt abspülen und reinigen, dann gut trocken tupfen und in kleinere Würfel schneiden.
2. Das Bauchfleisch ebenso reinigen, trocken tupfen und in Würfel schneiden.
3. Die Herz-, Leber- und Bauchfleischwürfel in der Rindsuppe bei maximal 80 °C ca. 10 Minuten weich werden lassen. Dann gemeinsam mit den Zwiebeln durch den Fleischwolf (mittlere Scheibe) drehen und mit allen Gewürzen nach Geschmack gut vermischen (am besten mit kalten nassen Händen). Die Masse ein weiteres Mal durch den Fleischwolf drehen, diesmal mit der kleinsten Scheibe.
4. In die vorbereiteten Gläser füllen und verschließen – achten Sie auf die maximale Füllhöhe von knapp über der Hälfte!
5. Bei 120 °C 120 Minuten lang einkochen.

TIPP: Je größer der Fettanteil, desto mehr Geschmack, aber auch desto mehr Platz benötigt die Pastete im Glas.

Schweine-
RILLETTE

Die Rillette kommt aus Frankreich und entspricht dem typisch österreichischen Verhackerten bzw. dem deutschen Pendant aus dem Harz und der Region Magdeburg-Elbe-Börde-Heide: der Pottsuse.

Der tolle Geschmack und die für eine Rillette typische fasrige Struktur entstehen durch das Zerpflücken des Fleisches mit viel Fett und noch mehr Gewürzen!

ZUTATEN FÜR 12 GLÄSER À 290 ML

700 g Schweinenacken • 300 g Schweinebauch • 300 g mageres Schweinefleisch
200 g geräucherter Speck • 400 g Zwiebeln • 500 g Schweineschmalz
frischer Thymian und Rosmarin • 1 l trockener Weißwein • Salz, Pfeffer

1. Das Schweinefleisch in 2 x 2 cm große Stücke schneiden, den Speck in kleinere Stücke würfeln.
2. In einem schweren, am besten gusseisernen Schmortopf die klein gehackten Zwiebeln in 300 g Schweineschmalz andünsten, bis diese glasig werden.
3. Das Fleisch und die Kräuter zugeben (am besten in einem verschlossenen Teebeutel), die Hälfte des Weines angießen und alles bei geringer Hitze 4 Stunden langsam schmoren lassen. Dabei den Wein nach und nach angießen, sodass immer etwas Flüssigkeit vorhanden ist.
4. Gegen Ende der Garzeit mit einer Gabel das Fleisch zerdrücken, es sollte dann fast vollständig zerfallen.
5. Die Masse jetzt gut rühren und auf kleine Stücke achten, die eventuell noch fest sind. Mit Salz und frisch gemahlenem Pfeffer würzen.
6. Die Rillette in vorbereitete Gläser füllen. Vorsicht: Maximal zu zwei Dritteln (eher noch weniger) befüllen! Mit dem restlichen zerlassenen Schweineschmalz bedecken (ein Hauch über die Rilette) und verschließen.
7. Bei 120 °C 120 Minuten einkochen.

TIPP: Am besten schmeckt die Rillette auf frischem Baguette mit einer Prise Meersalz und frisch gemahlenem Pfeffer und eignet sich hervorragend als deftige Vorspeise!

EIN MACH
GESCHICHTE GLAS
SEIT 1905

GÄNSE-/ HÜHNERLEBER-*Pastete*

Selbst gemachte Gänse- oder Hühnerleberpastete schmeckt einfach fantastisch, in der Toskana ist diese sogar das Antipasto schlechthin! Auf einem im Backofen einige Minuten „getoasteten" Weißbrot oder Baguette zusammen mit einem Tomatenbruschetta ist diese Pastete meine absolute Lieblingsvorspeise, wenn es einen italienischen Abend gibt.

ZUTATEN FÜR 6 GLÄSER À 160 ML

450 g Hühner- oder Gänseleber
2 Knoblauchzehen, geschält und klein geschnitten (nicht gepresst!)
2 kleine Zwiebeln, geschält und klein gewürfelt • 2 Eier
1 säuerlicher Apfel, geschält, Kerngehäuse entfernt und klein gewürfelt
80 ml Brandy oder Portwein • Salz, frisch gemahlener schwarzer Pfeffer
120 g Butter • Saft von 1 Bio-Zitrone • frischer Tyhmian

1 Die Leber zuputzen und klein würfeln, die Knoblauchzehen schälen.

2 Die Leber, die Zwiebeln, den Knoblauch, die Eier, den Apfel, den Brandy, Salz und Pfeffer fein mit dem Stabmixer pürieren und danach passieren.

3 Die Pastete in die Gläser füllen – maximal bis zur Hälfte –, die Gläser verschließen und in eine mit Wasser gefüllte Auflaufform stellen.

4 Bei 120 °C 120 Minuten einkochen. Danach bitte sofort aus dem Backofen nehmen und an einem anderen, kühleren Ort auskühlen lassen!

TIPP: Wenn Sie die Pastete sofort essen wollen, können Sie gerne 200 g Butter verwenden, sollten aber die Gläser max. bis zu ¼ befüllen und nach dem Erhitzen Thymian in zerlassener Butter schwenken und über die Pastete gießen.

GEMÜSEGERICHTE UND BEILAGEN IM GLAS

Gemüse und Beilagen im Glas gehören zu den wichtigsten Gläsern eines jeden Vorratskellers. Ich vesuche immer, sonnengereiftes Gemüse direkt vom Feld gekauft oder selber im eigenen Garten geerntet zu verwenden.

WICHTIG DABEI SIND FOLGENDE TIPPS:

- Feucht geerntetes Gemüse sollten Sie sofort zubereiten und verarbeiten, da das Gemüse schnell zu gären anfangen kann.
- Bitte verwenden Sie nur Gemüse in höchster Qualität! Ich meine nicht schöne Qulität, die Paprikaschote zum Beispiel kann ruhig deformiert sein, braune Stellen sollten Sie jedoch bitte großzügig entfernen, sonst können böse Überraschungen in Form von gärenden Gläsern die Folge sein.
- Grünes Gemüse wie etwa jungen Spinat blanchiere ich wirklich extrem kurz und dann lege ich diesen sofort in Eiswasser, damit er seine leuchtend grüne Farbe auch im Glas beim Einkochen behält!
- Auch bei den Gemüsekreationen sind getrocknete Kräuter das A und O, je mehr Geschmack Sie in den Gläsern haben wollen, desto mehr können Sie mit den Kräutern und Gewürzen spielen.

Caponata
IN ÖL

Das typische Sommergericht für den Winter, ich verspreche Ihnen, wenn Sie Ihr sonnengereiftes Gemüse in der Olivenöl-Kräutermischung haltbar machen und so ein Glas im Winter aufmachen, kommen alle sommerlichen Glücksgefühle wieder zurück!

ZUTATEN FÜR 3 GLÄSER À 580 ML

1 große Melanzani (Aubergine) • Salz • 2 Zucchini • 150 ml Olivenöl zum Anbraten
2 große gelbe Zwiebeln, geschält und in Streifen geschnitten
4 Knoblauchzehen, geschält und halbiert • 3 große Fleischtomaten
250 ml Olivenöl zum Auffüllen der Gläser
1 Zweig Oregano und 1 Zweig Basilikum, abgezupft und klein geschnitten

1 Die Melanzani gut waschen und in ca. 0,5 cm dicke Scheiben schneiden, salzen und auf einem Brett 25 Minuten rasten lassen, damit das Salz die Bitterstoffe aus der Melanzani herausholt.

2 Die Melanzanischeiben gut abwaschen, mit einer Küchenrolle sehr gut abtrocknen und in 2 x 2 cm große Würfel schneiden. Beiseitestellen.

3 Die Zucchini waschen und ebenfalls in Würfel schneiden.

4 Die Melanzaniwürfel in einer großen Pfanne mit etwas Olivenöl bei starker Hitze anbraten, danach die Zucchini sowie die Zwiebeln und die Knoblauchzehen hinzufügen (immer wieder Olivenöl hinzufügen!).

5 Zum Schluss die gewaschenen und gewürfelten Fleischtomaten in die Gemüsemischung geben, bei mittlerer Hitze 5 Minuten köcheln lassen. Das Olivenöl zum Auffüllen mit den Kräutern vermischen.

6 In die vorbereiteten Gläser füllen und mit der Olivenöl-Kräutermischung auffüllen. (Bitte mindestens 1 cm unter der maximalen Füllhöhe bleiben!)

7 Bei 90 °C 90 Minuten einkochen.

TIPP: Gerne mit mehr oder anderen Gemüsesorten erweiter- oder veränderbar! Variieren Sie auch mit den Kräutermischungen: Wenn Sie die Caponata sofort essen wollen, können Sie auch einmal frischen Thymian, Majoran, Petersilie verwenden. Ansonsten bitte nur getrocknete Kräuter verwenden!

Gebratene KARTOFFEL-SPINAT-TORTE

Diese Torte ist das schnell in die Arbeit mitgenommene Lieblingsmittagessen meiner Frau. Sie meint, immer zu wenig von diesen Gläsern in unserer Vorratskammer zu finden.

ZUTATEN FÜR 2 GLÄSER À 580 ML (REX-/WECK- ODER STURZGLÄSER)

350 g Spinatblätter (Babyspinat) • 2 Knoblauchzehen • 100 ml Olivenöl • Salz, Pfeffer
2 sehr große Kartoffeln • 20 g Pinienkerne • Öl zum Anbraten • 20 g Rosinen

1. Den Spinat kurz in kochendem Salzwasser blanchieren (eintauchen) und in Eiswasser abschrecken. Den Knoblauch schälen und fein hacken, mit dem Olivenöl sowie Salz und Pfeffer vermischen.
2. Die Kartoffeln quer in dünne Scheiben schneiden. In einer heißen Pfanne die Pinienkerne kurz anrösten und beiseitestellen, in derselben Pfanne die Kartoffelscheiben in wenig Öl von beiden Seiten anbraten.
3. Die vorbereiteten Gläser mit wenig Öl einfetten und eine Schicht Kartoffeln einschichten (nur den Boden vorerst). Den Spinat mit dem Knoblaucholivenöl sowie den Pinienkernen und den Rosinen vermischen und über die Schicht Kartoffeln einschichten. Diesen Vorgang wiederholen, zuletzt allerdings eine Kartoffelschicht mit einem Schuss Olivenöl abrunden.
4. Die Gläser verschließen und bei 90 °C 35 Minuten im Backofen einkochen.

Recepte zur
von
Gemüse, Fleisch,
etc

Grüne Bohnen
MIT TOMATEN

Diese Bohnen sind so eine Art Hüttenessen bei uns, von diesen Gläsern haben wir immer ein paar auf Vorrat, vor allem in unserer Wochenendhütte, sie sind schnell erwärmt und haben eine wohltuende Wirkung. Ich bin ja ein Fan von italienischem Hartkäse und reibe mir zu diesem Gericht immer ein wenig Pecorino dazu.

ZUTATEN FÜR 4 GLÄSER À 390 ML

1 kg grüne Bohnen (Fisolen) • 2 Knoblauchzehen • 4 Zweige Basilikum
4 Zweige Petersilie • 750 g reife Fleischtomaten (z. B. Ochsenherz)
6 EL gutes Olivenöl • 200 ml gehaltvoller Rotwein (Chianti oder Montepulciano)
Salz, Pfeffer • eventuell Chili

1 Die grünen Bohnen gut waschen und putzen (Enden abschneiden), trocknen lassen, die Knoblauchzehen schälen und fein hacken, Basilikum und Petersilie kurz waschen, trocken schütteln, nur die Blätter fein hacken, die Tomaten waschen, den Strunk entfernen und die Tomaten in 1,5 x 1,5 cm große Würfel schneiden.

2 Olivenöl in einer Pfanne erhitzen, den Knoblauch darin glasig anschwitzen lassen, die Tomatenwürfel und die grünen Bohnen dazugeben, etwa 8–10 Minuten kochen lassen (die Bohnen sollen noch ein wenig hart sein), Basilikum, Petersilie und Rotwein dazugeben, noch 1–2 Minuten köcheln lassen und mit Salz und Pfeffer abschmecken.

3 Die grünen Bohnen in Gläser abfüllen.

4 Bei 95 °C ca. 100 Minuten einkochen.

TIPP: Ein wenig Chili macht das Gericht südländischer und etwas Ingwer sorgt für asiatischen Geschmack …

Bohnen-Lang-Schneid
JUPITER

Ofentomaten

Der Snack für zwischendurch! Es gibt nichts Süßeres als sonnengereifte Tomaten, sie sind das absolute Geschmackserlebnis. Ich mag es ja komplett naturbelassen, aber Sie können verschiedene Gewürzmischungen ausprobieren: ob nur mit Salz oder mediterran, ob mit einer Currymischung, aber auch Schokolade schmeckt!

ZUTATEN FÜR 4 GLÄSER À 160 ML
1 kg kleinwüchsige Tomaten (Cocktailtomaten oder ähnliche Sorten)
Gewürzmischung nach Belieben

1 Die Tomaten halbieren, auf ein Backblech legen und bei 60 °C rund 5 Stunden „trocknen" lassen.

2 Die Tomatenhälften sind jetzt weich, aber in sich zusammengefallen, aus dem Backofen nehmen und auskühlen lassen.

3 Danach in die vorbereiteten Gläser füllen.

4 Bei 75 °C 25 Minuten einkochen.

TIPPS: Die Gewürzmischungen ca. 1 Stunde vor dem Herausnehmen aus dem Ofen über die Tomatenhälften streuen.

Gerne können Sie die Tomatenhäften auch mit Olivenöl einlegen, dann haben Sie ein perfektes Antipasto!

Nikis PARMIGIANA

Da ich in der Fastenzeit auf Fleisch verzichten muss (meine Frau meint, das wäre für meine Körperfigur nur dienlich), habe ich dieses Rezept entworfen! Es erinnert mich ein wenig an Lasagne und schmeckt himmlisch nach der süßen Tomatensauce, die zugleich auch ein wenig Schärfe enthält. Ein Traum ist auch der sich ziehende charakterstarke Büffelmozzarella, der auch beim neuerlichen Aufwärmen noch aromatisch nach Kräutern schmeckt …

ZUTATEN FÜR 6 GLÄSER À 580 ML

2 mittlere Melanzani (Auberginen) • 1,5 l Tomatensauce (siehe Rezept S. 164)
frisches Basilikum • Salz, Pfeffer • 1–2 Messerspitzen getrocknetes Chilipulver
2 große Zucchini • 4 Eier • Öl zum Ausbacken • Mehl
6–8 große Stücke Mozzarella di Bufala (eventuell Mozzarella)

1 Die Melanzani waschen, die Enden wegschneiden, der Länge nach in ca. 1 cm breite Scheiben schneiden, die Scheiben auf beiden Seiten einsalzen, auf einen tiefen Teller legen und rund 1 Stunde warten (dadurch verlieren die Melanzani die Bitterstoffe).

2 In der Zwischenzeit die Tomatensauce erwärmen und die Hälfte des Basilikums (ruhig in ganzen Blättern) dazugeben. Mit Salz, Pfeffer und dem getrockneten Chili abschmecken. Die Sauce kann ruhig sehr intensiv werden, der Bfüffelmozzarella mindert stark.

3 Die Zucchini der Länge nach in 1 cm breite Scheiben schneiden.

4 Die Eier in einem tiefen Teller verquirlen, die Melanzani unter kaltem Wasser abwaschen und abtrocknen (Papierrolle).

5 In einem Topf oder einer Pfanne Öl erwärmen – nicht zu heiß! –, die Zucchini- und Melanzanischeiben so zuschneiden, dass sie ungefähr so hoch wie drei Viertel der Glashöhe sind, zuerst in Mehl wenden, dann in die aufgeschlagenen Eier tauchen und im Fett ca. 1–2 Minuten backen.

6 In die Gläser zuerst fingerhoch die Tomatensauce einfüllen, danach abwechselnd stehend die Melanzani und Zucchini einlegen, dazwischen den Mozzarella anordnen. Zum Schluss nochmals das Glas bis zur maximalen Füllhöhe (nicht randvoll!) mit Tomatensauce füllen und verschließen.

7 Bei ca. 100 °C 60 Minuten einrexen.

Lauch
IM GLAS

Einfacher geht es nicht: Wer Lauch gerne als Beilage isst, wird dieses Rezept gerne nachkochen und auf Vorrat legen.

Je nach Geschmacksrichtung sind zusätzliche Variationen möglich: Ob asiatisch, mediterran oder doch pur – alle Varianten sind schnell fertig und lange haltbar.

Ein kleiner Tipp vorweg: Gerne können Sie hier Gläser mit einer Schulter verwenden, so verhindern Sie, dass der Lauch aufschwimmt!

ZUTATEN FÜR 2 GLÄSER À 580 ML

2 Stangen Lauch
1,5 l Suppe (klare Suppe/Rindsuppe/Hühnersuppe)
oder auch nur leicht gesalzenes Wasser
Salz

1 Den Lauch gut unter kaltem Wasser abspülen und in bissfertige Stücke schneiden.

2 Die Stücke in die vorbereiteten Gläser schlichten, bitte möglichst gut unter der Schulter schlichten, mit Suppe aufgießen und verschließen.

3 Bei 90 °C 90 Minuten einkochen.

TIPP: Eventuell können Sie weiteres geputztes und in Stücke geschnittenes Gemüse dazugeben.

Rotweinlinsen

Zu einem Braten, Steak oder auch als eigenständiges Gericht! Die frischen Kräuter in Verbindung mit dem Rotwein und der längeren Kochzeit geben den Linsen eine starke Note, die für ein Linsengericht eher untypisch ist.

ZUTATEN FÜR 6 GLÄSER À 290 ML

100 g geräucherter Speck • 350 g Zwiebeln, fein gewürfelt
6 Knoblauchzehen, gehackt • 150 ml feinstes Olivenöl
1 Stange Lauch, in feine Ringe geschnitten • 300 g Karotten (Möhren), klein gewürfelt
500 g Puy-Linsen oder ganz feine, kleine grüne Berglinsen
5 Zweige Thymian, abgerebelt und gehackt • 500 ml Rotwein • 1 l Brühe nach Wahl
etwas Balsamico-Essig • Salz, Pfeffer • etwas geriebene Muskatnuss

1 Den Speck, die Zwiebeln und den Knoblauch in Olivenöl anbraten, das Gemüse zufügen und kurz mitrösten.

2 Die Linsen und den Thymian ebenfalls etwas anrösten und mit dem Rotwein ablöschen. Nach und nach die Brühe zugießen und so lange bei niedriger Hitze dünsten, bis die Linsen schön weich sind.

3 Am Ende der Garzeit mit Balsamico, Salz, Pfeffer und Muskatnuss abschmecken.

4 In die vorbereiteten Gläser füllen und verschließen.

5 Bei 120 °C 120 Minuten einkochen.

TIPP: Die Rotweinlinsen schmecken hervorragend mit geräuchertem Wammerl (Bauchfleisch) oder Würstchen und selbst gemachten, frischen schwäbischen Spätzle. Vor dem Servieren noch mit frisch gehackter Petersilie bestreuen.

Blaukraut
(ROTKOHL)

Sowohl kalt als auch als schnelle Beilage kurz erwämt, ist Blaukraut ein „Must-have" in jedem Vorratsregal!

ZUTATEN FÜR 3 GLÄSER À 290 ML
1 kg Blaukraut (Rotkohl) • etwas Öl (ca. 2 TL)
1 gelbe Zwiebel, geschält und klein geschnitten
1 rote Zwiebel, geschält und klein geschnitten • 2 EL Zucker
1 Apfel, geschält, Gehäuse und Kerne entfernt, klein geschnitten • 50 ml Essig
250 ml Wasser • Salz, Pfeffer, Kümmel, gemahlen • 250 ml Rotwein

1 Das Blaukraut von den losen Blättern befreien, den Kopf vierteln, den Strunk entfernen. Das Blaukraut hobeln oder in feine Streifen schneiden.

2 In heißem Öl die geschnittenen Zwiebeln, den Zucker und den fein geschnittenen Apfel andünsten, die Blaukrautstreifen zugeben und sofort Essig darübergießen, ca. 10 Minuten zugedeckt dünsten.

3 Das Blaukraut mit Wasser aufgießen, Salz und Gewürze dazugeben.

4 Zugedeckt weitere 30 Minuten weich dünsten. Nach 20 Minuten den Rotwein hinzufügen.

5 Am Ende in die vorbereiteten Gläser füllen und bei 90 °C 30 Minuten einkochen.

Dicke weiße Bohnen
IN WEISSWEIN-TOMATENSAUCE

In Kroatien sind diese Bohnen eine nicht wegzudenkende Beilage und auch ein ländliches Hauptgericht. Oft wird dieses Gericht in kleinen Tontöpfen stundenlang im Ofen gegart, bis die Konsistenz cremig bis sämig ist.

ZUTATEN FÜR 4 GLÄSER À 390 ML
1 kg frische weiße Bohnen
(oder getrocknete, dann einen Tag vorher in Wasser einweichen)
6 EL gutes Olivenöl • 1 Knoblauchzehe, gehackt • 1 große Zwiebel, gehackt
150 g Serrano- oder Prosciutto-Schinken, klein geschnitten
200 ml trockener Weißwein • 1 Dose (400 ml) Polpa (gehackte Tomaten)
Salz, Pfeffer

1. Die Bohnen aus den Schoten herauslösen oder die gewässerten Bohnen abtropfen lassen und in einem großen Topf im Salzwasser (eventuell mit etwas Natron versetzt – hilft beim Weichwerden) ca. 35 Minuten kochen, bis sie gar sind. Abgießen und beiseitestellen.
2. Olivenöl in einer Pfanne erhitzen, den Knoblauch und die Zwiebeln glasig anschwitzen lassen, den Schinken mitanbraten, nach etwa 5 Minuten mit dem Weißwein ablöschen.
3. Die Bohnen und die Tomaten zufügen, alles ca. 15 Minuten köcheln lassen, mit Salz und Pfeffer abschmecken.
4. In sterile Gläser abfüllen und bei 100 °C ca. 100 Minuten einkochen.

TIPP: Ohne den Schinken ist das Gericht vegan. Ansonsten passen die Bohnen als Beilage hervorragend zu Lammkoteletts.

SCHNELLES *Pilzgulasch*

Selbst gepflückte Pilze und Schwammerl sind etwas Besonderes. Verwenden Sie, was Sie finden, ob in der Natur oder im Supermarkt. Normalerweise mögen meine Kids keine Schwammerl und doch sind die Vorräte immer schnell aufgebraucht.

ZUTATEN FÜR 6 GLÄSER À 290 ML

500 g Pilze (Steinpilze, Parasole, Eierschwammerl/ Pfifferlinge, aber auch Champignons)
2 Zwiebeln • 2 Fleischtomaten oder 1 Dose Tomaten, in Stücken (Pelati)
Olivenöl • 1 TL Paprika, edelsüß (oder Rosenpaprika) • 500 ml klare Suppe
Salz, Pfeffer

1 Die Pilze säubern und halbieren, die Zwiebeln schälen und fein würfeln. Die Tomaten kurz in kochendes Wasser tauchen, dann häuten und vierteln, das Kerngehäuse entfernen und die Tomaten in Würfel schneiden.

2 Die Pilze in einer heißen Pfanne mit wenig Öl anschmoren, wenn diese leicht dunkel und weich sind, noch einen Schuss (1–2 EL) Olivenöl zugeben und die Zwiebeln darin mitanschwitzen (Hitze etwas reduzieren), den geriebenen edelsüßen Paprika unterrühren und mit der Suppe und den Tomaten ablöschen, mit Salz und Pfeffer würzen, alles ca. 10 Minuten weich köcheln lassen.

3 Das Pilzgulasch in Gläser füllen und verschließen.

4 Bei 100 °C 75 Minuten einkochen.

Risotto

Eine perfekte Beilage zu einem kurz angebratenen Fleisch, aber auch als Einzelgericht mit etwas Butter und Parmigiano eine Delikatesse!

Gerne können Sie disen Risotto auch mit Safran, Gemüse (vorgekocht) oder Pilzmischungen erweitern, er ist die perfekte Basis!

ZUTATEN FÜR 3 GLÄSER À 290 ML

1 mittlere gelbe Zwiebel, geschält und klein gewürfelt • etwas Olivenöl
350 g Risottoreis (Carnaroli oder Arborio) • 200 ml trockener Weißwein
1 l klare Suppe/Hühnersuppe • Salz, weißer Pfeffer

1. Die Zwiebel in einem großen Topf in wenig Öl andünsten – die Zwiebel soll keine Farbe annehmen, aber dennoch wirklich gut durchgedünstet sein (hier gilt: 1 oder 2 Minuten mehr helfen Ihnen, Ihr Gericht einkochsicher zu machen!).
2. Den Reis dazugeben, gut und schnell umrühren – der Reis soll nicht am Topfboden kleben bleiben. Mit dem Weißwein ablöschen, dabei weiterrühren.
3. Jetzt mit der heißen Suppe aufgießen, und zwar so, dass der Reis nicht schwimmt, sondern gerade bedeckt ist. Diesen Vorgang wiederholen, bis der Reis bissfest ist.
4. Mit Salz und weißem Pfeffer abschmecken, in die vorbereiteten Gläser füllen und verschließen.
5. Bei 90 °C 90 Minuten einkochen.

DESSERTS UND BROT

KUCHEN IM GLAS

Das ist das Faible meiner Frau, obwohl bei uns die Küche eigentlich mein Reich ist. (Dennoch benötige ich oft Hilfe beim Aufräumen, zumindest wenn es nach meiner Frau geht. Sie meint, ich hätte „Männeraugen" – kennen Sie das?) Nur beim Backen, da schlägt sie mich um Längen, ich bin immer wieder erstaunt, was sie da an Köstlichkeiten zaubert. Zusammen haben wir für dieses Buch gemeinsam mit der Freundin meines Sohnes Stefanie Gürth einige Rezepte zum Einkochen ausprobiert. Ich hoffe, Sie sind genauso begeistert wie wir, wenn wir Gläser nach mehreren Wochen aufmachen und es riecht, als hätten wir gerade frisch gebacken.

WICHTIG: FÜLLHÖHE

Füllen Sie die Teigmasse maximal bis zur Hälfte der Glashöhe an, der Teig braucht Platz beim Backen! Achten Sie auch auf die verwendete Glasform, sonst heißt es immer nur löffeln!

EINKOCHRINGE

Wenn Sie sich die Finger nicht verbrennen wollen, ist es möglich, Rex- oder Weck-Gläser mit den Original-Einkochringen von Weck oder Rex sofort zu verschließen. Diese „Einkochgummis" sind aus Naturkautschuk und nicht – wie der Name vorgibt – aus einem PVC-Produkt und damit unbedenklich. Dennoch ist der Gummi danach nicht mehr zu gebrauchen und kann bei höheren Temperaturen auch etwas riechen.

Wir haben hier bessere Ergebnisse erzielt, wenn wir um die Gläser nasse Geschirrtücher gewickelt haben, so konnten wir die Einkochringe schonen.

Ansonsten verschließen Sie die heißen Gläser nach ¾ der Backzeit (Achtung: heiß!) und backen die Kuchen danach kurz fertig.

METALLDECKEL

Wenn Sie keine Glasdeckel verwenden, dürfen Sie die Gläser beim Backen nicht verschließen, sondern müssen diese nach ¾ der Backzeit noch heiß mithilfe eines Kochhandschuhs verschließen (nicht zu fest). Dann für die restliche Backzeit fertig backen und abkühlen lassen. Beim Abkühlen im geschlossenen Backofen entsteht dann ein Vakuum.

BROT IM GLAS

Selbst gemachtes Brot schmeckt unglaublich, so ganz anders als das vom Supermarkt, und Sie wissen genau, was drinnen ist! Auch wenn Sie nicht jeden zweiten oder dritten Tag Brot backen wollen oder können, müssen Sie dennoch nicht auf Ihr selbst gebackenes Brot verzichten. Die Lösung heißt Brot im Glas. Sie sollten es unbedingt ausprobieren, Brot im Glas ist lange haltbar, und auch hier kann wenig schiefgehen.

WICHTIG: FÜLLHÖHE

Wichtig ist es auch hier, die Glasform und die Füllhöhen zu beachten, denn gerade der Brotteig kann sich schnell einmal mehr als verdoppeln!

Joghurt- ZITRONEN-KUCHEN IM GLAS

Für den unangekündigten Besuch zu einem Kaffee oder Tee ist dieser Kuchen genau das Richtige. Nach dem Öffnen glauben die Besucher, das gerade gebacken wurde!

ZUTATEN FÜR 12 GLÄSER À 390 ML

200 g Butter • 200 g Zucker • 1 Packung Vanillezucker
4 Eier, Eigelb und Eiweiß getrennt • abgeriebene Schale/Saft von 1 Bio-Zitrone
200 ml Naturjoghurt* • 300 g Mehl • 1 Packung Backpulver • Salz

1. Die Butter mit Zucker, Vanillezucker und Eidottern schaumig rühren. Die Zitronenschale sowie den Zitronensaft dazugeben und einige Minuten weiterrühren.
2. Das Joghurt unter den Abtrieb rühren. Das Mehl mit Backpulver mischen und unter die Joghurtmasse heben.
3. Das Eiweiß mit einer Prise Salz steif schlagen und unter den Teig heben.
4. Die Gläser bis knapp unter die Hälfte füllen, bei 180 °C ca. 30 Minuten backen. Nach ¾ der Backzeit verschließen (Achtung: heiß!).

HINWEIS: Sollten Sie TO-Gläser nehmen, dann nach 25 Minuten die Gläser aus dem Backofen herausnehmen und dann erst mit den neuen TO-Deckeln verschließen (Achtung: heiß!). Die Gläser nun wieder in den noch heißen, aber ausgeschalteten Ofen stellen und dort auskühlen lassen, beim Auskühlen erhalten die Gläser ein Vakuum und verschließen sich.

*Beim Einkochen von Gerichten sollten keine Milchprodukte verwendet werden. Bei Kuchen ist das kein Problem!

Karottenküchlein

Bei uns stehen diese Küchlein nie lange in der Vorratskammer, der Vorrat ist aber schnell und unkompliziert immer wieder aufzufüllen!

ZUTATEN FÜR 6 STURZGLÄSER À 290 ML

5 Eier, getrennt in Eigelb und Eiweiß • 350 g Zucker
1 Packung Backpulver • 100 g Mehl • 250 g gemahlene Mandelkerne
300 g Karotten (Möhren), geschält und geraspelt • Salz
Zesten der Schale von 1 Bio-Zitrone • 25 g flüssige Butter oder Backtrennspray
Semmelbrösel (Paniermehl) für die Gläser

1. Die Eigelbe mit dem Zucker gut cremig rühren.
2. Das Backpulver mit dem Mehl mischen und die gemahlenen Mandelkerne, die Karottenraspel, Salz und die Zitronenschale vorsichtig unter die Eigelb-Zucker-Mischung mengen.
3. Das Eiweiß steif schlagen, den Eischnee unter die Karottenmasse ziehen. Den Teig in die befetteten, mit Semmelbröseln ausgestreuten Gläser füllen. Bitte maximal zwei Drittel der Glashöhe befüllen!
4. Bei 180 °C ungefähr 35 Minuten backen. Nach ¾ der Backzeit verschließen (Achtung: heiß!).

TIPP: Sie können auch kandierte Früchte in den Teig mischen, was eine ganz besondere Variante ergibt.

Kokos-
TOPINAMBUR-KÜCHLEIN

Wir haben im Garten letztes Jahr Topinambur geerntet, und zwar so viel, dass wir im Garten schnell einen Kuchen ausprobiert haben, der uns besonders geschmeckt hat und jetzt noch ein wenig verfeinert wurde.

ZUTATEN FÜR 8 GLÄSER À 160 ML

500 g Topinambur • 500 ml Kokosmilch • 3 mittelgroße Eier • Salz und Pfeffer
50 g Kokosraspel • Butter/Transfettspray zum Einfetten der Gläser

1 Die Topinambur waschen, schälen und in dünne Scheiben schneiden. Diese in Kokosmilch ca. 15 Minuten kochen lassen.

2 3–4 Esslöffel von der warmen gekochten Kokosmilch in einer Schüssel beiseitestellen. Die Topinambur abseihen und auskühlen lassen.

3 Die Eier in eine Schüssel schlagen, mit Salz, Pfeffer, Kokosraspeln und der beseitegestellten Kokosmilch (3–4 Esslöffel) vermischen, dazu die Topinambur geben und alles mit der Hand oder einem Mixer (kleinste Stufe) gut vermengen.

4 Die Gläser einfetten, die Masse maximal bis zur Glashälfte einfüllen (siehe Hinweis!) und bei 160 °C ca. 35 Minuten backen. Nach ¾ der Backzeit verschließen und im Backofen abkühlen lassen.

HINWEIS: Wenn Sie keine Glasdeckel verwenden, dürfen Sie die Gläser beim Backen nicht verschließen, sondern müssen diese erst nach 30 Minuten noch heiß mithilfe eines Kochhandschuhs verschließen, nicht zu fest. Beim Abkühlen im geschlossenen Backofen entsteht dann ein Vakuum.

TIPP: Diese feinen Küchlein schmecken perfekt zu einem mit Kürbiskernöl marinierten Salat oder noch einmal erwärmt mit einer frischen Käsesauce!

Marmorkuchen
IM GLAS

Der Klassiker des Sonntagmorgens! Bei uns zu Hause ist dieser Marmorkuchen sehr beliebt, weil er unglaublich saftig ist. Gerne können Sie statt der Butter auch Margarine und statt der Schokolade auch Nutella verwenden.

Als Nachspeise ist er ebenso geeignet und kann im Glas zu Tisch gebracht werden: Mit einer warmen Schokosauce kurz vor dem Servieren überzogen und vielleicht noch mit einer zusätzlichen Kugel Vanilleeis serviert, bildet dieser feine Kuchen einen wohlschmeckenden Abschluss jedes Essens!

ZUTATEN FÜR 12 GLÄSER À 290 ML

250 g Butter • 75 g Staubzucker (Puderzucker) • 250 g Mehl • 1 Packung Backpulver
175 g Kristallzucker • 200 ml Milch • 4 Eier (Größe M) • 1 Packung Vanillezucker
75 g Schokolade, fein gemahlen, oder Kakaopulver

1. Die Butter mit Staubzucker schaumig rühren, das Mehl mit dem Backpulver und dem Zucker gut verrühren.
2. Die Milch mit den Eiern vermischen und langsam in die Buttermischung eingießen, diese Masse in zwei Hälften teilen.
3. In eine Hälfte den Vanillezucker, in die andere Hälfte die Schokolade einrühren.
4. Je 25 g beider Massen in die vorbereiteten Gläser füllen, mit einem kleinen Löffelstiel vorsichtig Muster in die Masse ziehen.
5. Sowohl bei der Verwendung von Glasdeckeln als auch von TO-Verschlüssen die Gläser zunächst unverschlossen in den Backofen stellen.
6. Den Marmorkuchen bei 180 °C 30 Minuten backen, bei der Verwendung von Glasdeckeln die Gläser nach ¾ der Backzeit verschließen, TO-Gläser nach 30 Minuten gut verschließen (Achtung: heiß!) und im verschlossenen Backofen noch ca. 15 Minuten auskühlen lassen.
7. Beim weiteren Abkühlen außerhalb des Backofens die Gläser auf ein Tuch stellen und mit einem weiteren Tuch zugedeckt ganz auskühlen lassen.

TIPP: Der Marmorkuchen ist grundsätzlich sechs Monate haltbar! Bei uns leider nur wenige Tage – außer ich verstecke die Gläser, aber selbst dann findet meine Familie sie …

Russischer ZUPFKUCHEN IM GLAS

Das Besondere an diesem Kuchen ist, dass der Boden und die Seitenwände aus einem Schokoladekuchen bestehen, die Mitte jedoch aus einem Topfen-(Quark-) Kuchen. Diese Kombination in einem Glas schmeckt sensationell saftig, süß und schlägt sämtliche Konditoreienbackwaren um Längen!

ZUTATEN FÜR 3 GLÄSER À 390 ML

SCHOKOLADENKUCHEN: 250 g Butter • 350 g Mehl
250 g Staubzucker (Puderzucker) • 150 g Kakao

TOPFENMASSE: 750 g Topfen (Quark)
200 g Sauerrahm (saure Sahne) oder Schmand • 200 g Staubzucker (Puderzucker)
20 g Stärke • 1 Packung Vanillezucker

flüssige Butter oder Backtrennspray zum Einfetten der Gläser

1 Für den Schokokuchenteig Butter, Mehl, Zucker und Kakao am besten mit der Hand zu einem Teig kneten (er sollte etwas spröde-krümelig sein).

2 Für den Topfenteig in einer Schüssel Topfen, Sauerrahm/Schmand, Staubzucker, Stärke und den Vanillezucker mit einem Schneebesen vermischen.

3 Die Gläser entweder mit weicher Butter oder einem Backspray einfetten. Dann zuerst den Schokoteig in die Gläser füllen, sodass er in der Mitte eine Mulde bleibt, jetzt die Topfenmasse dazugeben. Achtung: Die Gläser dürfen maximal zu zwei Dritteln voll sein!

Wichtig ist, dass man diese beiden Teigsorten gut zusammendrückt, der Teig kann ruhig wie „gezupft" aussehen.

Wer will, kann jetzt versuchen, mit einem Ausstecher oder Löffel Figuren zwischen den beiden Teigmassen zu zaubern. Noch leichter ist es, die Figur zuerst zu zaubern und diese dann in das Glas zu kleben und danach erst die andere Masse einzufüllen.

4 60 Minuten bei 180 °C backen und nach ¾ der Backzeit verschließen (Achtung: heiß!).

Schneller FRÜCHTEKUCHEN IM GLAS

Zu einem Kaffee oder Tee am Morgen nichts zu Hause? Dann schnell ein Glas mit dieser Abwandlung des Panettone – der italienischen Weihnachtsspezialität – aufmachen.

ZUTATEN FÜR 6 GLÄSER À 290 ML

300 g Mehl • 1 Packung Backpulver • 4 Eier • 120 g Zucker
120 g Topfen (Speisequark), 40 % Fett • 1 Packung Vanillezucker
100 g kandierte Früchte • 80 g Rosinen (Korinthen) • 80 g Mandeln, gerieben
30 ml Rum, 80 Vol.-% (ersatzweise ½ TL Rumaroma) • 2 TL Zimt, gemahlen

1 Mehl und Backpulver gut vermischen.

2 Die übrigen Zutaten zu dem Mehl hinzufügen und am besten mit einem Mixer zu einem glatten Teig verarbeiten.

3 Den Teig in die vorbereiteten und eingefetteten Gläser verteilen – Achtung: Die Gläser maximal bis zur Hälfte anfüllen – und verschließen.

4 Den Früchtekuchen bei 180 °C 25 Minuten backen und nach ¾ der Backzeit verschließen (Achtung: heiß!).

Schokoladenkuchen

Diese Gläser sollten eigentlich mehrere Monate halten, aber das kann ich Ihnen nicht bestätigen, spätestens nach drei Wochen sind diese Gläser immer auch aus den besten Verstecken verschwunden!

ZUTATEN FÜR 6 STURZGLÄSER À 390 ML
250 g Butter • 250 g Zucker • 1 Packung Vanillezucker
1 TL Salz • 4 Eier • 500 g Mehl • 1 Packung Backpulver • 100 g Kakao
flüssige Butter oder Backtrennspray zum Einfetten der Gläser

1. Die Butter mit Zucker, Vanillezucker und Salz schaumig rühren, die Eier einzeln nach und nach hinzufügen, nach jedem Ei etwa 1–2 Minuten rühren, bevor das nächste hinzugefügt wird.
2. Das Mehl mit Backpulver und Kakao vermischen und in die Buttermischung rühren; ich verwende dabei immer meine Küchenmaschine.
3. Die Sturzgläser mit Butter befetten, die Gläser in den Ofen stellen, 25 Minuten bei 180 °C backen und nach ¾ der Backzeit verschließen (Achtung: heiß!).

Obstsalat

Frisches Obst klein geschnitten und haltbar gemacht? Ja, das funktioniert wirklich und der richtigen Portion Energie steht nichts mehr im Wege.

Ein Hinweis vorab: Prinzipiell können Sie fast alle Obstsorten verwenden, ich würde aber von Bananen abraten, da diese beim Einkochen zu einer unschönen Masse werden – was aber den Geschmack betrifft: himmlisch!

ZUTATEN FÜR 2 GLÄSER À 580 ML
2 Orangen, geschält und gewürfelt
2 Äpfel, geschält, Gehäuse und Kerne entfernt und gewürfelt
1 Birne, geschält, Gehäuse und Kerne entfernt und gewürfelt
150 g Trauben ohne Kerne, eventuell in 2 Hälften geschnitten • 200 ml Wasser
100 g Zucker • 200 ml Orangensaft • 100 ml Apfelsaft

1. Alle Zuaten in einer Schüssel vermischen.
2. Das Obst auf die vorbereiteten Gläser aufteilen, den Glasrand gut sauber machen und die Gläser verschließen.
3. Bei 75 °C 60 Minuten einkochen.

Hausbrot
IM GLAS

Brot im Glas ist lange haltbar – ohne hart zu werden und ohne Geschmacksverlust. Da ich im Arbeitsalltag oft vergesse einkaufen zu gehen oder viel zu spät dafür dran bin, ist dieses wohlschmeckende Brot immer wieder mal meine letzte Rettung.

ZUTATEN FÜR 6 GLÄSER À 850 ML

500 ml Wasser • 1 EL Honig (oder Zucker) • 42 g (1 Würfel) Germ (Hefe)
400 g Weizenmehl (glatt, A: Type W700, D: Type 550) • 400 g Roggenmehl • 20 g Salz
2 EL Kümmel, grob gemahlen • 1 EL Korianderkörner, leicht zerdrückt
Fett oder ein Transfettspray für die Gläser

1. 100 ml lauwarmes Wasser mit Honig verrühren, die Germ darin auflösen, mit den restlichen Zutaten zu einem Teig verkneten und zugedeckt ca. 1 Stunde an einem warmen Ort gehen lassen.
2. Dann den Teig nochmals durchkneten, in sechs Stücke teilen und diese zu Laiben formen.
3. Die Gläser einfetten, die sechs Teiglinge vorsichtig in die Gläser geben und weitere 30 Minuten gehen lassen.
4. Im vorgeheizten Backofen bei etwa 170 °C 30 Minuten backen. Die Gläser verschließen und bei 100 °C weitere 20 Minuten einkochen.

TIPP: Gerne können Sie verschiedene Kerne, wie Sonnenblumenkerne oder Kürbiskerne, oder auch Oliven unter den Teig mischen.

Rezeptregister

Einkochtabelle

PRODUKT	ART	DECKEL	EINKOCHAUTOMAT/ BACKOFEN/KOCHTOPF)		SCHNELLKOCHTOPF	
			Temperatur in °C	Zeit in Min.	Temperatur in °C	Zeit in Min.
Suppen	vorgekocht	F	95	30	1	10
Süß-sauer eingelegte Gemüse	roh	S	95	30	1	10
Pesto	nicht einkochen	F				
Ketchup		S	90	20	1	5
Wurst	vorgekocht	F	120	100	2	35
Fleischgerichte	vorgekocht	F	120	75	1	15
Kompott		M+H	80	25	1	5
Preiselbeerkompott		F	90	25	1	5
Fruchtmark (nicht getrocknet)		M+H	75	10	nicht geeignet	
Marmeladen, sortenrein	vorgekocht	M+H	75	20	1	2
Marmeladen, Mischungen	vorgekocht	F	95	20	1	2
Fruchtmus		M+H	80	30	1	2
Apfelmus		M+H	80	30	1	2
Sirup	Heißabfüllung, randvoll		75	25	nicht geeignet	
Fruchtsaft	Heißabfüllung, randvoll		75	25	nicht geeignet	
Kuchen, Portion	vorgebacken	M+H	75	25	2	25
Kuchen, groß	vorgebacken	M+H	75	25	2	25
Pilze, klein (oder geschnitten)	vorgekocht	F	100	75	1	25
Pilze, groß (im Ganzen)	vorgekocht	F	100	90	1	25
Chutneys/Relishes		F	90	30	1	5
Kohl	vorgekocht	S/F	100	120	1	25
Weißkraut	blanchiert	S/F	100	120	1	35
Weißkraut	vorgekocht	S/F	90	40	1	25
Bohnen, Grüne	vorgekocht	S/F	90	30	1	25
Bohnen (Käferbohnen/Ackerbohnen/weiße)	vorgekocht	S/F	100	90	2	25

PRODUKT	ART	DECKEL	EINKOCHAUTOMAT/ BACKOFEN/KOCHTOPF)		SCHNELLKOCHTOPF	
			Temperatur in °C	Zeit in Min.	Temperatur in °C	Zeit in Min.
Bohnen, geschnitten (Fisolen, geschnitten)	vorgekocht	S/F	100	120	2	25
Spargel	roh	F	100	120	2	30
Gurken (Essiggurken/Cornichons)	roh	S/F	75	20	1	20
Gurken (Senfgurken)	roh	S/F	90	30	1	25
Sellerie, geschnitten	vorgekocht	S/F	100	90	1	25
Sellerie, große Stücke	vorgekocht	S/F	100	120	1	25
Sauerkraut		F	90	120	1	25
Rhabarbar (blanchiert und vorgekocht)		M+H	100	30	1	15
Pastinaken	vorgekocht	S/F	100	120	1	25
Rote Rüben (Rote Bete)	vorgekocht	S/F	90	30	1	25
Rotkrautsalat	vorgekocht	S/F	90	40	1	25
Paprika		F	100	60	1	25
Tomaten		F	100	60	1	10
Kürbis	vorgekocht	F	75	30	1	25
Kohlrabi	vorgekocht	S/F	90	60	1	20
Zucchini	roh	S/F	90	30	1	15
Rosenkohl	vorgekocht	S/F	100	120	1	25
Blumenkohl	vorgekocht	S/F	100	90	1	25
Brokkoli	vorgekocht	S/F	100	120	1	15
Zwiebel	vorgekocht	F	90	30	1	15
Mais	vorgekocht	S/F	100	60	1	10
Erbsen/ Zuckererbsen	roh	S/F	100	120	1	10
Karotten	roh	S/F	100	90	1	15
Kartoffeln	roh	S/F	100	90	1	15

VERSCHLUSSART	
Marmelade & Honig bis 20 ppm SO_2	M + H
Sauergemüse bis 70 ppm SO_2	S
Fetthaltige Produkte 100 ppm SO_2	F

Mich kannst
du mit allem
abfüllen.
myRex.at